丛书编委会

大家精要

罗杰斯

李强 谭华 著

陕西师范大学出版总社

Rogers

图书代号 SK16N1009

图书在版编目(CIP)数据

罗杰斯 / 李强,谭华著. —西安:陕西师范大学出版
总社有限公司,2017.1(2024.1重印)
(大家精要)
ISBN 978-7-5613-8712-2

Ⅰ.①罗… Ⅱ.①李… ②谭… Ⅲ.①罗杰斯(Rogers, Carl
Ransom 1902—1987)— 传记 Ⅳ.①K837.125.1

中国版本图书馆CIP数据核字(2016)第271383号

罗杰斯 LUOJIESI

李 强 谭 华 著

责任编辑 陈柳冬雪
责任校对 彭 燕
特约编辑 杨 琳
封面设计 张潇伊
出版发行 陕西师范大学出版总社
　　　　　(西安市长安南路199号 邮编710062)
网　　址 http://www.snupg.com
印　　制 永清县晔盛亚胶印有限公司
开　　本 650 mm×930 mm 1/16
印　　张 10
字　　数 100千
版　　次 2017年1月第1版
印　　次 2024年1月第2次印刷
书　　号 ISBN 978-7-5613-8712-2
定　　价 45.00元

读者购书、书店添货或发现印刷装订问题,请与本公司销售部联系、调换。

电话:(029)85303879 　传真:(029)85307864　85303629

目　录

第 1 章

不懈探索的人生之旅

一、在孤独中成长的少年

1902 年 1 月 8 日，罗杰斯出生于美国芝加哥郊外的一个清教徒家庭，这是一个有着六个孩子的大家庭。罗杰斯的父亲沃尔特（Walter Alexander Rogers）以及母亲朱丽娅（Julia Margaret Cushing）都接受了大学教育（实际上，沃尔特还上了一年的研究生院），这在当时的社会是很不常见的。罗杰斯的家庭生活宗教氛围浓厚，夫妻俩不仅虔诚信教，而且热心地方的宗教事务。正统的清教徒加上良好的教育，这样的家庭强调传统，刻板保守是必然的基本家风。罗杰斯形容这个大家庭的特点是家庭成员间彼此关系密切，家中具有十分严格且不容违抗的宗教伦理气氛，崇尚勤劳苦作这一美德。罗杰斯夫妇对孩子们给予了无微不至的关怀，但这种关怀是有分寸的，合礼教的。在罗杰斯看来，父母正是通过许多细微但慈爱的方式严格控制孩子们的行为。在这个大家庭中，人与人之间随便地表达感情、过分亲密都是不妥当的。家里的管束非常严厉，规矩和限制非常多：不许喝酒，不许跳舞，不去戏院，不许玩牌。在诸多的限制中，最突出的就是社交生活。罗杰斯夫妇坚信自己一家人与周围的人是不同的，周围人的行为举止不合他们的口味，因此有意地减少与周围人的相处机会。

孩童时代的罗杰斯不仅体质羸弱，还感情脆弱。因家庭管束太严格，不能和别的孩子玩耍，罗杰斯有些内向和敏感。家人常常拿他的体质不够强壮来开玩笑，使得罗杰斯更加内向。罗杰斯后来经常说自己是一个孤独的孩子，几乎很少有在家庭之外交朋友的机会，于是不得不更多地到书本中去寻求安慰。从 4 岁开始，罗杰斯就在家人的辅导下学习阅读，任何他能搜罗到的书都读，包括百科全书和字典，以致正式上学时，他读过的东西就已经远远超过了同年龄的孩子。

在罗杰斯 12 岁时，罗杰斯夫妇带着孩子举家搬到芝加哥以西三十英里处的一个大农庄。罗杰斯认为这次搬家主要基于两点：第一个原因在罗杰斯看来只是表面的：罗杰斯父亲的生意非常成功，已经相当富有，他想要一个农场来享受乡村生活的乐趣；第二个原因罗杰斯认为更加真实，是他的父母希望家里这些正值青春期的子女远离城市生活中种种令人"堕落的"诱惑。这样一来，罗杰斯就更难有与别的少年交往的机会了。这种社交隔离状态一直持续到高中毕业。罗杰斯总是感觉自己是个孤单的男孩，总是在不停地看书，整个高中时期才约会过两次。

不过农场生活也使罗杰斯有机会发展对科学的兴趣，这种兴趣对他后来的学术生涯产生了些许影响。这位孤独的少年对农场的大飞蛾产生了极大的兴趣。这些生灵栖息在农场四处的树木中，晚间便到处飞行。慢慢地，罗杰斯成了家中关于这些奇妙造物的知识权威。他阅读关于飞蛾的书籍，还捕来一些飞蛾亲自进行繁育，在漫长的冬日里，耐心地喂饲幼虫，然后又一待半天观察茧的动静，大致体会到了科学家在试图观察自然时的酸甜苦辣。

罗杰斯的父亲决定科学地经营他的新农场，于是买了许多有关科学农业的书籍。他鼓励男孩子们自己去从事独立获利的事业，看看各自的能耐有多大。于是，孩子们有的得到了一群鸡，有的得到几只羔羊和猪，结果每个人都学到了一套专门本事。至于罗杰斯，他的收获远不只是一些专门技术，他简直成了一个像模像样的农学学生。14 岁的少年把莫瑞森的一套多卷本《饲养学》细细地读了下来。从这本书中，罗杰斯明白了什么是科学实验，明白了设计实验的种种细节、控制组、实验组以及随机过程等等。罗杰斯收获的不仅仅是科学方法的初步知识，而且深深为科学方法的价值所打动，并从中亲身体会到验证一项科学假设的困难和挑战。

二、探索自我的大学时期

1919 年，罗杰斯考入威斯康星大学。随后几年的大学生活，使罗杰斯的精神世界发生了巨大变化，他开始了对人生方向的深入思考和探索。罗杰斯就读大学时最初选读的是农学，这是农场生活所培养的兴趣的自然延伸。开学的第一年，罗杰斯参加了乔治·汉弗雷教授领导的农学学生星期日午间活动小组。这位教授谈及学习和运用实事的激烈言论给罗杰斯留下了深刻印象，教授强调为了掌握大量知识而掌握知识是毫无用处的，并且激动地命令道："不要做一个该死的军火运输车，要做一支步枪！"汉弗雷教授带领的活动小组带给罗杰斯一系列新经验，不过其中最为重要的并不是收获的专业知识。教授不采用耳提面命的方式教学，而是凡事都鼓励小组成员自己商讨决定。小组集体设置课程，组织社交和教学活动，像议会一样议事，成员之间进行很深入的交流，而整个小组也越来越团结。这可能是罗杰斯最初获得的小组经验。

罗杰斯成长在父母关怀加控制的教养方式中，在这个小组中获得的自由思考、自主体验，对罗杰斯可能是一种全新的感受。另外，这是他生平第一次可以与家庭圈子以外的同龄人发展密切的个人关系，这种交往是那样新鲜和令人激动。新的生活极大地激发起青年罗杰斯的潜能，一直被用于科学思考的智力开始被生活激情所吸引，越来越多地被用于对生命价值、人生底蕴的思考。这种思索又迅速地发展为对宗教的兴趣，他开始积极参加校内校外的各种宗教活动，出席一些宗教性会议。到第二学年快要结束的时候，他决定转而学习宗教。于是他放弃了本来已经学习得很出色的农学，开始主修历史，因为他认为这方面的学识是从事宗教事务所必需的。

1922 年，也就是罗杰斯上大学三年级的时候，世界学生基督徒联合会在中国北京召开大会，罗杰斯作为全美十来名代表之一，被挑选出席北京的会议。这一为期六个多月的旅行是罗杰斯个人发展上的一个分水岭。罗杰斯自己认为，这次东方之行使他第一次真正达到思想和性格上的自主自立。北京之行的这段时间里，罗杰斯见识到的不同的文化以及不同的种族让他大开眼界。最重要的是他所结识的人，那些来自世界各地，有着不同文化和宗教背景的年轻人，他们使罗杰斯认识到了很多跟他原来的观念相抵触的东西。在宗教问题上，罗杰斯也有全新的发现，同样是基督徒，来自不同国家和文化背景的人却有着很不相同的宗教观念。这一切都促使罗杰斯对人生进行了深入的思考和探索。在这个过程中，罗杰斯第一次将自己从父母的宗教思想中解放出来，认识到自己再也不能跟随父母的思想。这种思想的独立给罗杰斯和父母之间的关系造成了巨大痛苦和紧张。待罗杰斯启程回国时，他已经在思想上摆脱了家庭的影响，在精神、理智和情感上走上了真正的独立。用罗杰斯自己的话来说"我相信正是在那时而不是其他时候，我成了一个独立的人"。

在这段时间里，罗杰斯的生命中还发生了一件具有深远意义的重大事件。大约就在罗杰斯前往中国旅行的那段日子里，他爱上了一个早在童年就一起玩耍的可爱女孩。待罗杰斯大学本科毕业，他们就结婚了，尽管双方父母极不赞成但最终还是同意了。于是，罗杰斯和自己的妻子海伦一起攻读硕士学位。罗杰斯认为婚后这么多年以来，海伦一直给予自己绵绵不断的爱，与之相依相伴已经成为自己生活中最重要、最丰富的一部分。

1924 年，罗杰斯启程前往美国国内最自由的联邦神学院学习，为今后从事宗教工作做准备。在这里有不少杰出的学者和教师，他们崇尚自由的知识探索，坚信人要服从真理的引导，不盲从教条。从与他们的接触中，罗杰斯受益匪浅。随着对学院种种运作方式和教学规则的了解，罗杰斯开始感到不喜欢由别人把一些现成的观念灌输给自己的学习方式。他和一群同学希望自己来提出问题，自己来探索答案，完全听任自主探索来指导自己。为此他们向校方提出了一个很特别的请求，要求组成一个研讨会，不要指派老师，讨论什么问题由成员自己决定。研究院主管虽然对这项请求感到有些棘手，但还是答应了。只不过坚持指派一名年轻导师参与。作为妥协，他的作用类似一名观察员，一般不发言，除非学员要求他有所行动。

这个小小的研讨会起了巨大的作用。它澄清了年轻人内心深处的很多迷惑。自由探索的结果可想而知，到后来，小组成员惊奇地发现，他们已经远远超出了宗教探索的樊篱。宗教理念已经不再能吸引罗杰斯和小组中的大多数成员了。罗杰斯说："我感到，像思考人生底蕴，探求个人生活的建设性改变的途径之类的问题，可能永远都使我感兴趣，但我无法在一个要求你信仰一些规定的宗教信条的领域生活。我的信念已经发生重大改变，且可能会继续改变。我觉得，为了保住个人的一个专门职业而被迫皈依一套信条，这是件可怕的事情。我渴望找到这样一个领域，在那里能够保障我的思想自由不受限制。"对罗杰斯而言，为了一份职业而不得不信仰某种宗教实在是件很可怕的事。他希望找到一个自己的思想自由肯定不会受到限制的领域。

马路的对面就有这样的一个实现理想之处！从联邦神学院跨过大街，是哥伦比亚大学的师范学院。罗杰斯先是被学院里开设的一些心理学和精神病学的课程和讲座所吸引，接着便到师范学院去选课。不久以后，罗杰斯正式开始攻读临床和教育心理学学位。师范学院里心理学专业的主导倾向是所谓"实验心理学"的传统，强调严密的科学研究程序、冷峻的客观方法和统计学的运用。罗杰斯的学位论文是关于儿童心理适应性的，其中一项主要工作是设计了一种用于测量9~13岁儿童人格适应性的测验。与此同时，罗杰斯又在一家新成立的儿童指导研究所谋到了一个实习职位，这所机构是一个社会福利基金会主办的。这个研究所的心理学家主要依据弗洛伊德的心理分析理论和方法对儿童进行辅导和治疗。显然，罗杰斯在师范学院和儿童指导研究所必须不断地转换脑子，因为两个地方的学术趣味完全不同，几乎没有共同语言。罗杰斯显然适应得不错，他的人格测验既满足了师范学院导师要求的科学性和客观性，在研究所又成了一个有用的临床诊断工具。

在儿童指导研究所一年实习期满后，罗杰斯于1928年春找到了一份正式工作。这份工作是在纽约西北的罗切斯特，属于"防止虐待儿童协会"的"儿童研究部"。这份工作按照当时流行的标准是非常不理想的，专业上也没有前途，因为那儿的工作与他在大学里接受的专业训练联系不大。但这些罗杰斯都没有怎么放在心上，他之所以心情振奋，按照他自己的说法是"做自己想做的事情"。罗杰斯这么说道："我总有这样一种体会，如果我有机会去做自己最感兴趣的事情，其他一切自然会妥当的。"

三、艰难的临床工作时期

罗杰斯在罗切斯特整整待了十二年，这是一段艰苦奋斗的日子。如果要形容这十二年罗杰斯在学术思想方面的大致情况的话，那么用"苦修到初悟"比较恰当。

苦修主要是由于这里的学术环境不好。作为一名治疗医生，罗杰斯在这里做的工作是实践而不是研究，儿童研究部实际上是咨询和治疗的部门，罗杰斯的工作是对违规少年和贫困阶层家庭的不良少年及其家长提供心理辅导。罗杰斯成天打交道的是实实在在的人和事，很少有专门进行理论研究的机会。再加上与大学心理系的隔离，罗杰斯实际处于一种脱离心理学大本营，孤处一隅从事没完没了的实际事务的这样一种状态。罗杰斯自己把这段时期称为"专业上的相对隔离时期"。从另外一方面看，即使罗杰斯不与心理学的基本队伍脱离，他也无法与之沟通。因为当时美国主流心理学正是行为主义如日中天的时期，学者们的兴趣都在实验室的老鼠上，对于心理治疗，一般都将它视为医学领域的事情。罗杰斯有时候甚至不知道自己还算不算一名心理学家。

在这里，工作压力相当大。整天与问题儿童打交道，罗杰斯不得不把全部注意力放在帮助他们的实际效果上。脑子里成天想的是："这个方法起作用吗？""这么做效果如何？"在这里，罗杰斯得以把在哥伦比亚大学所学的理论和方法付诸实践，并检验其正确性。而每个案例的成功或失败，又刺激他去进一步思考和摸索。但更多的时候，他不得不从自己的实践经验中去学习，从一点一滴日常心得体会中去归纳。罗杰斯后来说罗切斯特的岁月是他一生中有特殊价值的一段时期，在这段日子里，他开始形成自己对于心理治疗乃至心理学的一些基本理念。

在当时的心理治疗领域，占据支配地位的是弗洛伊德体系。这个体系的一些显著特点是：以治疗者为中心，治疗者是全知全能的，由治疗者告诉当事人一切，当事人是脆弱无知的。总之，由治疗者对当事人进行"治疗"！罗杰斯在长期的实践中，逐渐对这一套体系产生了怀疑。罗杰斯记述了三件给他留下深刻印象的事件，从中可以看出罗杰斯思想变化的轨迹。

第一件事情是，他到罗切斯特的头一两年间，接收了一名有纵火癖的男孩，这孩子有着一种无法理喻的纵火冲动。罗杰斯在学校学习时曾经读过威廉·希利博士的著作，非常热衷于希利对少年违规行为的心理分析性的解释。希利认为，少年的违规行为根源在于性方面的冲突，一旦这种冲突被揭示出来，违规行为就会消失。罗杰斯在少年管教所与这个男孩进行了旷日持久的会谈，终于慢慢追溯到他与手淫有关的性冲动欲望。还真是奏效，孩子的问题解决了。然而当他被释放出来后，老毛病又犯了。

罗杰斯依旧记得当时自己的震惊。希利可能错了。也许自己正在学习希利不知道的某些东西。不管怎样，这次事件极大地震动了罗杰斯，使他认识到权威可能也会犯错误，仍然有些新知识等待发现。

第二件事情是，刚到罗切斯特不久，罗杰斯开始负责一个会谈讨论小组。罗杰斯使用了自己读过的一份治疗会谈记录作为学习资料，这篇发表出来的会谈是逐字照录的，且有作者会谈技巧的评价。罗杰斯当时极为折服，觉得治疗师老练、敏锐而聪明，能够引导谈话迅速切入问题要害。罗杰斯认为使用这份资料来说明何为好的会谈技巧是最合适不过的了。

几年以后，罗杰斯遇到一个类似的任务，他立刻记起了这份可作样本的会谈记录，便赶紧找了出来。重新阅读这份资料，罗杰斯大吃一惊。这份记录似乎成了会谈者用来说服这位母亲认清自己无意识动机、承认自己罪过的一种聪明的法律询问方式。从罗杰斯现有的经验来看，他认为这种会谈对这位母亲或她的孩子不会有任何持久的帮助。罗杰斯认识到自己对同一份会谈资料有着如此完全不同的前后评价，这意味着自己正在偏离医患关系中的任何高压或强制性的方法，不是出于哲学原因，而是因为这些方法最多只不过有表面效果。

这件事发生几年之后，罗杰斯对心理分析的解释技巧已经掌握得相当老到。能够以比较机巧的方式向当事人解释其行为，谈话中显得亲切友好又富有耐心，这样使得当事人比较能够接受这些解释。此时罗杰斯在对一位颇具领悟力的母亲进行咨询。她的儿子表现出种种捣乱行为，按照心理分析的解释，这孩子的行为明显是由于做母亲的在先前对孩子抱有一种拒绝的态度。为了向这位女士证明这一点，罗杰斯使出浑身解数，把种种证据作了详细分析和归纳，但是还是不能使她领悟。

　　最后我服输了。我告诉她，看来我们都尽了力，但我们失败了，所以我们最好还是放弃我们的合作。她同意了。于是我们结束会谈、握手。她向办公室的门口走去。这当口她又转过身来问："你们这里也为成年人咨询吗？"当我做了肯定的答复后，她说："那好，我希望得到一些帮助。"她回到了刚才坐的那张椅子上，开始倾吐她对婚姻的绝望，与丈夫关系上的麻烦，失败和心乱如麻的感受。所有这些与她先前所讲的那干巴巴的"病历"是如此地不同。于是，真正的治疗开始了，而且最后非常成功。

类似这样的事件使罗杰斯开始产生一种强烈但是当时还不够肯定的感觉：当事人也许比治疗者对自己知道得更多，他们也许应该在治疗中发挥更大的作用。这一出自实践经验的初步想法受到了儿童研究部同事从学术角度给出的支持。大致的情况是这样的：儿童研究部除了少数几位像罗杰斯这样的心理学家之外，还有一些社会工作者。罗杰斯在与正统心理学疏远之时，与这些人的交流非常顺畅，甚至还参加了一些社会工作的专业活动。通过这些社会工作者，罗杰斯了解到兰克的心理治疗观点，兰克使他认识到"个人有自我指导的能力"。在受到这些学术观点的支持和鼓励之下，罗杰斯对自己在实践中得出的某些初步的认识更有信心。这些初步的认识包括：当事人比咨询者在治疗中更有发言权，他们知道是什么伤害了自己，关键之处何在，治疗应该向何处去，什么经验被深深地隐埋着，等等。

不过当时，这些认识还没有达到上面表达的这么明确的程度，而且也没有系统性。准确地说，新的思想还只是萌芽，其中信念和预感多于实事和论证，尚未形成理论的大致轮廓。这样评说的依据来自罗杰斯的第一本学术专著《问题儿童的临床治疗》，这本书写于罗杰斯在罗切斯特的最后一年。罗杰斯写这本书的初衷是想出一本儿童指导方面的概论性著作，不过随着写作的推进，他在这本书中加入了大量属于他个人的专业实践体会。关于这本书还有一点值得一提，罗杰斯提出要对心理治疗进行实证性的科学研究。当时心理治疗还是一个相当幼稚的领域，用正统心理学方法来研究心理治疗还无人尝试，甚至不少人怀疑心理治疗能否使用科学方法进行研究。事实上，罗杰斯身上一直存在着两种看似互不相容的倾向，一是年幼及早期教育中熏陶出的科学主义倾向；一是对沉思、对感性经验的喜好。这两种倾向难免有时候会相互冲突，但总的来说，它们在罗杰斯身上始终保持着一种微妙的平衡，而且在这种交互作用中形成了罗杰斯对于心理学研究的科学方法论方面的一些独特思想。

《问题儿童的临床治疗》的写作是在繁忙的临床工作间隙完成的，辛苦没有白费，这本书的出版改变了罗杰斯的生活。不久之后，罗杰斯意外地收到了俄亥俄州立大学的聘书，该校聘请他为正教授。这一非同寻常的礼遇令罗杰斯非常惊喜。虽然罗杰斯此时已经被任命研究所主任职位，但与俄大正教授职位完全不可同日而语，于是，罗杰斯举家迁往新的工作地点。

四、任职大学教授时期

罗杰斯认为，俄亥俄州立大学一开始就授予自己正教授职位是一件非常幸运的事情，这使他免去了像一般的大学教员一样，为了从低级职位一步步得到提升，而不得不小心翼翼。罗杰斯在俄大的工作表现相当招惹人眼，不仅业绩不俗，其不怕惹麻烦的程度也令人吃惊。在俄大五年，他发表了约二十篇论文；担任研究生教学及咨询和治疗的实践指导；自己也从事实际治疗；经常在校内外进行学术演讲；还出版了那本引起轰动的著作《咨询和心理治疗》。这本书奠定了罗杰斯的学术地位，也给罗杰斯带来了不少的批评和压力。

这本书包括了一份完整的会谈过程记录，这是心理治疗研究史上第一份完整的会谈过程实录，与早期弗洛伊德所作的那种会谈后追录的记录很不相同，其研究资料的客观性有很大价值。其次，罗杰斯首次采用了录音记录手段。这本书得到了学生们极其热烈的回应，但心理学专业圈对此却不置一词。

罗杰斯在学生中受到欢迎不仅仅是因为他的新思想,在很大程度上还与他对待学生的态度有关。罗杰斯关于师生关系的看法后来成为他的以人为中心教育思想的一部分,他的教学风格成了有口皆碑的奇闻。他尊重学生,且总是鼓励他们自己开动脑筋。他对学生一视同仁,信任学生的自我负责精神,常常让学生给自己评分。这种学习氛围使得学生感到自信,愿意自我负责。

罗杰斯于 1945 年受聘于芝加哥大学,受命组建一个心理咨询中心。由此开始了他在芝加哥大学长达十二年的教学、研究和实践咨询工作。任职芝加哥大学期间,罗杰斯的学术教学生涯非常顺利,咨询中心很快建立起来,并对大学生和当地社区开放,中心的价值很快就得到了服务对象的认可。罗杰斯的身边聚集了一群生气勃勃、富有创新精神的同事和研究生,而且把咨询中心变成了一个让每个人都能充分发挥个人能力的场所。

1951 年,罗杰斯的第三本著作《当事人中心治疗》得以出版,在这本书的序言中,罗杰斯把它说成是芝加哥大学咨询中心全体同仁共同劳动的结晶。该书是前一本书《咨询和心理治疗》出版以来,对以当事人为中心观点为核心所做的全部工作的一次系统化的整理。这本书既没有否定前一本书的观点,也不是前一本书的重复。而是把前一本书的观点深化和扩展了,涉及的领域也扩大了,不仅包括个别治疗,还包括游戏疗法、团体治疗,甚至还包括了组织管理和领导,以及以“学生为中心”的教育。心理学界对该书的最初反应依旧冷淡,但不久之后就开始有所改变。临床心理学家们开始认真思考罗杰斯的思想,开始对罗杰斯的一些创新假设作实证检验。罗杰斯体系中的一个基本主题——治疗关系,从不被注意到成为研究者关注的中心。罗杰斯这个名字先是在咨询和心理治疗领域,然后是在整个心理学界逐渐被人们所熟悉。在1956年，美国心理学会授予他杰出科学贡献奖，颁奖宣言称，这项奖励旨在表彰罗杰斯"发展出了一种方法，使得对心理治疗过程的描述和分析具有客观性，对心理治疗及其对人格和行为的影响作用提出了一个可检验的理论"。就罗杰斯个人而言，这个奖项最重要的是它的象征意义，意味着美国心理学界从忽视他的工作，对其许多新观点感到困窘，到开始承认并赞美它们。

当然颁奖并不说明心理学家完全一致地承认罗杰斯的贡献。可以理解，那些希望维持心理治疗神秘形象的治疗家，那些认为治疗关系极其复杂微妙，完全不适合进行科学研究的治疗家，不会欣赏罗杰斯。但受到了鼓励的罗杰斯继续前进，于1957年发表了那篇或许是他最重要最广为人知的论文——《治疗性人格改变的必要和充分条件》。在心理治疗研究的历史上，这篇文章明确地把治疗关系放在了至高无上的位置上，提出了治疗关系的一些要件，并且引起了许多的后续研究。正如同文章标题所明示，罗杰斯宣称他提出的六个条件，是有效治疗的必要条件，也是充分条件。除此之外，别的东西都无关紧要。罗杰斯进一步宣称：这些条件并非只适用于部分当事人，任何类型的当事人都不能例外；并非只有当事人中心疗法才要这六条，任何疗法实际上都要靠它们；这些要件与传统上的专业知识——心理学的、精神病学的、医学的或者宗教的知识，是如此不相干，以至于可以认为那些知识并非特别必要。合格的治疗者不是单靠学习这些东西就能培养出来的，心理诊断除了令一些治疗家感到安心一些外，对实际治疗没有一点用处。

就在发表这篇文章的同年，罗杰斯辞去芝加哥大学职务，转赴自己的母校威斯康星大学。但罗杰斯希望在母校实现心理系和精神医学系的联手研究的愿望没有得到实现，而与此同时罗杰斯陷入了心理学系的人事纠纷，导致他最后只能辞去心理学系的职务，勉强保留了精神医学系的职务。

在威斯康星大学期间，罗杰斯领导了一项较大规模的研究。自从他提出人格改变的必要充分条件假设以来，他一直有一个强烈愿望，想检验该假设在治疗严重心理障碍患者时是否依然成立。但这次研究从项目管理到最终研究结果，都不尽如人意。然而，罗杰斯在这段时间里有了另外一个重要收获，即出版了自己所有著作中最具有轰动效应的一本书——《论成为一个人》。

这本书不是那种结构紧密、一气呵成的专门著作。事实上它是由多篇独立论文连缀而成，有点像一个文集。这些文章要么未发表过，要么是仅仅在一些影响小或者过于专业化的刊物上发表过。罗杰斯感觉到，有一群人，说不上他们在哪里，但确实有这么一群，是他想要发表自己思想的对象。除了这些思想上的同道，这本书主要的目标对象是普通读者，尤其是那些有知识有思想的非专业人士。罗杰斯渴望更有影响的念头仍在这本书的出版上起着作用，他感到在心理学和精神治疗领域内，他没有多少有着共同语言的人，但他相信在专业圈子之外，那些关心人的生存价值，追求更充实的人生品质的哲学界、社会科学界人士，乃至为当代生活中人与人的疏离，进而迷失了自我而焦虑的普通人，都可以从他的思想中获得启迪。

这本书的内容并没有仅仅局限于心理治疗，而是就人类生活的许多哲理的、实际的方面作出探索和讨论。诸如人的生存目标、健全的个人生活、人与人的关系、心理治疗、人的科学、教育、家庭生活，在这本书中都有讨论。罗杰斯从50年代中期开始，写文章用第一人称，而这本书使这一风格得到最显著的展示。这种表达风格与一般科学论文的要求格格不入，但它的表达能力更强，更富个人色彩，加上罗杰斯本人的文字表达能力很高超，使这本书非常富有感染力。这本书发行之后，成千上万的教育工作者、治疗家、哲学家、艺术家、科学家，以及无数的普通男女，都被吸引住了。因为本书的成功，罗杰斯成为家喻户晓的知名学者。

罗杰斯任职大学教职历时在俄亥俄州大学五年，芝加哥大学十二年，威斯康星大学四年。在这段时间里，罗杰斯发表了几本著名的著作，多篇论文，以及在大学教学实践中身体力行地实践以学生为中心的教学方法并得到了学生们的积极回应。除此之外，罗杰斯认为有两三个较有意义的问题值得简要地予以强调。

首先，罗杰斯认为自己学会了在越来越深入的、当事人范围不断扩大的治疗关系中生活。这些治疗关系使人受益匪浅，事实上也的确如此。这些治疗关系能使人感到非常恐惧，有时也的确如此，例如，当一个饱受困扰的人要求罗杰斯必须超越自己以满足他的需要时。当然治疗过程本身要求治疗师也要不断地获得成长，但有时它是痛苦的，虽然长远来看它会使治疗师受益匪浅。

还有一个问题需指出，研究对于罗杰斯而言变得越来越重要。在治疗中罗杰斯能让自己的主观性更多地发挥作用，而在研究中罗杰斯能够力求客观地审视这些丰富的主观经验，运用所有严密的科学方法来判断自己是否在自欺欺人。罗杰斯越来越相信人们应该发现那些同重力法则或热力法则一样对人类进步和理解人类颇具意义的人格和行为法则。

在过去的二十年里罗杰斯认为自己已经习惯被攻击和批评，他总是以一种尝试性的方式提出自己的想法，随时准备被读者或者学生接受或拒绝。然而罗杰斯发现自己的观点总是在不同时间不同地点招致心理学者、咨询师和教育者们的勃然大怒、轻蔑不屑和猛烈批评。随着愤怒在这些领域逐渐平息，近年来在精神病医生中却重新出现了这种情绪，他们中的有些人感觉到罗杰斯的工作方式对他们最珍视和坚信不疑的一些原则产生了深深的威胁。同时伴随着批判风暴的可能还有那些不加批判、深信不疑的"信徒"所带来的伤害——他们对自己有了某种新的看法，对罗杰斯和罗杰斯工作的理解有些是错的有些是对的，并且以此为武器勇往直前地与各种人进行斗争。在很多时候，罗杰斯发现很难判断是"朋友"还是"敌人"伤害自己更多。

罗杰斯认为可能是由于成为被攻击对象给自己带来了很多麻烦，他非常期望能够远离这些而独处。罗杰斯认为自己的工作最硕果累累的时期正是自己能够完全远离他人看法，远离工作期望和日常要求，对自己正在进行的工作有所见解时。罗杰斯和妻子在墨西哥和卡瑞宾发现了与世隔绝的隐藏所，虽然在这些地方每天的工作时间不超过两到四小时，但罗杰斯在过去几年获得的大多数进步却是在那里。罗杰斯将这归功于独处。

五、积极的晚年生活

1963 年，罗杰斯辞去了威斯康星大学的职务，应从前的学生法森之邀，共同去西部创办一个独立的研究机构。作出这个决定是颇为踌躇的，这意味着罗杰斯要离开生活安定、待遇优厚的大学，去一个刚刚草创的机构；同时，这也意味着罗杰斯将与专业研究的主流圈子告别，未来将会如何则无法预料。但罗杰斯终究作出了抉择，他离开了威斯康星大学，去往西部行为科学研究所（简称 BSI）就职。这个研究所位于加利福尼亚南端的一个滨海小镇，那里环境优美，风景宜人。行为科学研究所是一个非营利机构，其研究和学术活动主要是以人本主义取向来研究人类关系。学术活动的组织管理也很自由，研究人员可以放开手脚做自己感兴趣的事情，这正是罗杰斯梦寐以求的。另外，在这里罗杰斯得以离开在威斯康星大学打交道的精神障碍患者，而与较为正常的人群打交道，这也是令罗杰斯感觉非常愉快的事情。

在行为科学研究所的日子里，罗杰斯的活动兴趣有了一个重要的变化，他对小组活动越来越有兴趣。积极地投入到那几年刚兴起的"会心小组"潮流中，在不到两年的时间里，罗杰斯已经在全国范围内被视为"会心文化"的发言人。罗杰斯很自然地把自己在个别治疗中发展出来的一些信念贯彻到小组活动中：既然能够信任个别的当事人，为什么不能信任一个小团体？既然可以以个别当事人为中心，就更可以以团体成员为中心，而且看起来团体似乎比个人更有"智慧"，更有创造力。罗杰斯学会了在团体中扮演一个普通一员的角色，更重要的是，他觉得各式各样的小组提供了一个使他获得发展的机会，他变得更加随性自然，更能抒发自己的感受，更能与他人发展良好的个人关系。

1968 年，研究所发生了一些变化。法森离开了，新来的主管在管理政策上作出了一些重要调整。罗杰斯对这些调整很不以为然，于是干脆与研究所的一些志同道合的人分离出来，另行组建了一个"人学研究中心"（简称 CSP）。这个中心的特点是参加者志趣相投，彼此之间相互信任和理解，有不同的意见立刻就能坦诚相见，相互批评。每个人都自主确定自己的研究主题，自己筹措资金，同僚之间可分可合，但在心理认同上，又是一个非常紧密的团体。成员之间存在着一些共同信念，如承认和强调人的价值和尊严，相信人的潜能，相信人类的各种关系和冲突中至关重要的是不断深入地、真诚地进行交流，等等。这种共同信念和兴趣是保证既团结又民主的集体氛围的基础。

进入老年之后，罗杰斯依旧有不少学术专著面世。1969

年,《自由学习》一书出版,销售了三十万册。1970年,《卡尔·罗杰斯论会心团体》出版,销售了二十五万册。晚年罗杰斯的兴趣已经从心理治疗扩大到社会和个人的各个方面。"当事人为中心"这样的提法已经不能涵盖罗杰斯的全部思想,于是在70年代中期,他把自己的疗法改称为"以人为中心疗法"。更准确地说,在罗杰斯看来,以人为中心已经不仅仅是一种心理治疗的方法,更是一种人生哲学、社会哲学,一种指引个人、机构和社会乃至国家活动的哲学。越是到晚年,罗杰斯思想中的这种意识越是明显。罗杰斯后二十年的写作主题除了心理治疗外,还包括教育、会心小组、婚姻、家庭、商业、组织管理、生存哲学、人学的方法论,甚至国际冲突的解决。进入老年的罗杰斯依旧著述丰硕,他在惊讶于自己的成果的同时,也开始探寻促使自己写作的动机。罗杰斯同意自己的一位朋友,精神分析师保罗·伯格曼的观点:每个人在其一生中最多只会有一种创新思想;所有文章都只是对该思想的更多阐释。罗杰斯认为这个观点正好描述自己的作品。

罗杰斯同时认为,写作的原因之一是他时刻心存好奇。罗杰斯喜欢看清和探究思想的内涵——自己的和他人的。罗杰斯喜欢自己的思想有条理,并追究某些思想的分支细节。罗杰斯对情感、直觉、非语言世界和语言交流都有深深的理解,但他同样还喜欢对该世界进行思考和写作。将该世界概念化使罗杰斯对它的意义有更加清晰的认识。

罗杰斯相信还有另外一个更重要的原因促进了自己的写作。从内心来说,罗杰斯认为自己仍然还是那个非常不善于进行人际交流的害羞男孩;他的情书远比直接说出爱意更加令人心动;他可以随心所欲地用纸笔表达出自己的观点,但在课堂上说出同样的话却感到十分窘迫。罗杰斯认为这个害羞的男孩依旧是自己身上的很重要的一部分。写作是自己与这个世界进行沟通的方式，而罗杰斯真切地感觉到自己并不属于这个世界。罗杰斯非常渴望得到理解，但并不期望会得到理解。论著是自己密封在瓶中并抛弃到大海里的漂流瓶。令罗杰斯感到惊讶的是海岸边的人们——心理学和地理学领域的都发现了这些瓶子以及传递给他们的信息。正是因此，罗杰斯笔耕不辍。

除了丰硕的著述，罗杰斯认为自己在这段时期还收获了心灵的成长。首先，是关心自己。罗杰斯认为自己过去一直善于照料和关心他人而不是自己，但近年来在这方面自己已经颇有进步了。罗杰斯认为自己一直是一个很负责任的人。如果其他人没有照顾到某个活动的细节或者某个工作坊的人们，那么他就必须去做。但是现在罗杰斯已经发生改变了，他开始学会放下所有的责任，除了成为自己并为成为自己而感到满意。对罗杰斯而言，这是一种非同寻常的感受：坦然地不负责任而并没有任何内疚感。罗杰斯惊讶地发现，当自己这样做时效率反而更高。罗杰斯开始学会尊重自己心理的需要，同时在各方面都对自己的身体照顾得更好了。在个人生活方面，罗杰斯开始在需要的时候请求他人的帮助，而不再是证明自己能做到这些。

通常人们认为老年人都沉稳平静。罗杰斯认为这种观点是一种误导。罗杰斯相信自己的确对世事有了更多的了解，因此常常会比以前更加客观地看问题。然而，与此相反的是，对罗杰斯产生触动的事情却经常会比以前激起更加强烈的反应。当他兴奋时，他非常快乐；当他忧虑时，他更加烦恼。伤痛似乎越发深刻，痛苦变得更加强烈，眼泪更易夺眶而出，喜悦也有了更强的感受，甚至连以前总给他惹麻烦的愤怒都有了更深刻的体会。罗杰斯发现自己的情绪变得更加反复无常。从沮丧到振奋，感觉都比以往强烈，并且也更容易陷入任何一种状态。罗杰斯认为这种反复无常可能是自己冒险的生活方式造成的，也可能是自己参加了会心团体后敏感性增强造成的。

同时，罗杰斯发现在这些年自己变得更容易接近新思想了。对罗杰斯而言其中最重要的是与内在空间有关——心理力量领域和人类精神能力。罗杰斯相信人类具有一种巨大的潜在直觉力量，人类的智慧超出了智力本身。罗杰斯甚至接受了更加神秘的现象——预知、心灵感应、超感视觉等，甚至灵魂出窍。这些现象可能不符合已知的科学法则，但罗杰斯认为人们也许正处在发现新规则的边缘上。

在过去的几年中，罗杰斯发现自己更容易与他人建立一种非常亲密的关系。罗杰斯同时意识到自己是多么渴望与他人进行深层的心理接触。罗杰斯承认自己非常需要去关心他人并得到同样的回报。罗杰斯坦诚地说出自己一直以来认识不清的事情：他深深地涉足心理治疗事业是一种谨慎的方法，它既可以满足与他人建立亲密关系的需要而又不用冒太大的个人风险。在与人相处的过程中，罗杰斯发现当自己体验着痛苦、愤怒、挫折、拒绝，与他人分享意义所产生的亲近感或被理解和接受而产生的满足感时，自己对这些时刻的感觉正在变得更加敏锐。罗杰斯知道了对于一个自己深深关心的人要产生消极的情绪多么困难，他也知道了对一种关系的期望会多么轻易地转变成对这种关系的要求。根据罗杰斯的经验，他认为对自己而言最困难的事情之一就是从这种关系中去根据当时的他/她自身去关心。而从自己认为他们怎么样，希望他们怎样地，或感觉他们应该怎样出发对他人进行关心则要容易得多。抛弃自己对他/她成为什么样的期望，抛弃要把他/她改变成符合自己的需要的想法，以此来建立起一种令人满意的亲密关系，这是一种最困难却也是收获颇多的方法。

在个别治疗方面，自从到西部后，罗杰斯已经基本不做临床的实验研究，因为没有了大学的研究条件。他更感兴趣的是拍摄展示以人为中心治疗的电影，或在一些会议或工作坊上做示范治疗。罗杰斯生命后期还有两个新的动向，一个是逐渐发展出神秘主义的倾向。有学者研究认为，晚年的神秘主义倾向，不过是罗杰斯本已存在的某种宗教信念的复活而已。另一个动向是关注世界和平。在罗杰斯看来，解决国家与国家的冲突，文化之间的分歧，种族之间的纠纷，以人为中心的方法是一个可行的途径。直至生命最终时刻的来临，罗杰斯依旧坚定而执着于以人为中心理念的更多运用，力图实现帮助更多人成长的目标。

第2章

罗杰斯心目中的人性

一、关于人性的基本理念

宗教、科学、艺术、心理学或其他任何人类文化科学领域永远都无法逃避人类情境的两难问题。因此，心理治疗数十年的深入实践最终引导罗杰斯深入地思考"人的本性"这一基本哲学问题。在探讨这个问题的过程中，罗杰斯饶有兴趣地阅读了沃克所写的一篇文章，作者在文章中将弗洛伊德和罗杰斯关于人性的看法进行了对比。罗杰斯将作者的对比作了如下的简要概括：作者认为弗洛伊德继承了奥古斯丁的思想传统，相信人在本质上是怀有敌意、反社会和堕落的。相反，在同样的意义上，罗杰斯则继承了卢梭的衣钵，相信每个人都出自造物主——一个完美的存在之手。卢梭说，人性原始的光芒是被一个有缺陷的社会玷污的。同时，作者进一步指出弗洛伊德与罗杰斯是以截然不同的方式看待个体的基本本性，因此在心理治疗上就会因为这种不同的观点而产生不同的思考。作者总结道，临床心理学家倾向于弗洛伊德的哲学，人格理论家采纳的是一种中立的人性观。这篇文章不仅吸引了罗杰斯的眼球，同时也引起了诸多心理学界学者对此文的关注和讨论。

罗杰斯高度赞扬这种讨论引起的对各种心理治疗方法背后的价值取向和哲学基础的关注。罗杰斯认为，一个人如果对一种隐藏的价值取向和人性观无法给出操作性证据，那么这个人是没有资格从事心理治疗的。罗杰斯认为，这些基本观点是开放而外显的，无疑比封闭和内隐的要好得多。同时，罗杰斯对这篇文章中提及的弗洛伊德以及自身思想的那些"前辈"心存疑问。罗杰斯有些怀疑把不同的人放在同一类中的做法是否有价值。他认为分开来看奥古斯丁、弗洛伊德、卢梭以及他自己比将这其中的任何两个人硬凑在一起会更有价值。同时，罗杰斯指出，如果一定要以对比的方式来看待这些不同的思想，那么，他认为在哲学基础上，弗洛伊德与加尔文更类似，而不是与奥古斯丁。而谈及自己的时候，罗杰斯没有把握说自己是否是卢梭的"继承者"，而只能说自己的思想更加接近卢梭而不是加尔文，但是自己在任何意义上都不是一个卢梭的追随者。通过对上述讨论的澄清，罗杰斯旨在清晰地阐述自己对人类机体基本特点的看法。

需要指出的是，罗杰斯对人的最基本特征的观点是在心理治疗的经验中形成的。罗杰斯首先列举了这些要素的简单描述，然后再对其含义进行解释。

• 人的基本特征不是有敌意的、反社会的、破坏性的、邪恶的。

• 人是有其本性的，而不是一块可以被任意涂抹的白板，也不是可以被捏成任何形状的胶泥。

• 人在本质上不过是悲惨地被社会所歪曲和腐蚀了的完美存在。

• 人拥有其物种天生的一些特征，描述这些特征的术语包括积极的、向前迈进的、建设性的、现实的、值得信赖的。

罗杰斯尝试着将对这些观点的讨论带到一个也许人们的偏见会少些的新领域中去。假设我们进入动物的世界，问我们自己狮子、羊、狗或者老鼠的本性是什么。如果说其中任何一种或者所有这些动物本性上都是不友善、反社会的或者充满肉欲的，那简直就是可笑极了。如果有人说这些动物的本性是中性的，从某种非特定的价值标准来看它们是中性的，或者说它们的本性都是一样的，全都有待被塑造，这种观点在罗杰斯看来也同样可笑。罗杰斯认为每种动物都有其本性——该物种的一些共同特点。即使可能发生巨大改变，但无论怎么训练，使用心理治疗或者其他的手段，都不可能把一只老鼠训练得像一头狮子，反之亦然，因为各个物种自有其基本特性。

罗杰斯进一步地对动物的某些特性进行深入的仔细观察。选取狮子为例，狮子共同本性、基本本性的特征是什么呢？饿的时候狮子会猎杀羚羊，却不是滥杀。杀死猎物后狮子尽情享用，但是在非洲草原上却见不到肥胖的狮子。幼狮弱小而依赖性强，却并不依附于这种依赖关系。它变得越来越独立自主。在幼年时期，幼狮非常自私，完全以自我为中心，但随着它逐渐成熟，在这些冲动之外，它在捕猎中表现出了一定程度的合作。雌狮喂养、照顾、保护幼狮，也似乎很喜欢它们。它们的各种需求和欲望在内部形成了一种持续变化的平衡，在这个意义上，它做到了自我控制和自我约束。在某些基本方面，它是这一物种中具有建设性的、值得信赖的成员。它的基本倾向就是朝着发展、分化、独立、自我负责、合作和成熟的方向成长。总的来说，狮子本性的表现有助于它自身的发展及其物种的延续和提高。

同时，罗杰斯也对狗、羊和老鼠作出了同样的评价。当然，每种动物的行为从某些角度来看具有破坏性。人们不忍心看到狮子猎杀羚羊；恼火羊毁了花园里的草地；抱怨老鼠偷吃了自己野餐时的奶酪；当狗把自己当成陌生人攻击时，人会认为狗有破坏性；但所有的这些都无法证明其中任何一种动物本质上是邪恶的。罗杰斯假设到，如果他试图表达这样的一种观点即如果狮子的"狮性"、羊的"羊性"全部都释放出来，那么贪得无厌的欲望、不可控制的攻击性、放纵和过度的性行为、与生俱来的破坏倾向就会驱使着这些动物。罗杰斯认为这种观点无疑会遭到读者的嘲笑，这种观点根本就是胡说八道。

基于对动物本性的讨论，罗杰斯想重新思考人类的本性。罗杰斯逐渐在一种关系中对人类有了深刻的理解，这种关系的特点是安全、没有威胁、完全自由的生活和选择。在这种关系中，人表现出了各种痛苦和罪恶的感受、变态的冲动以及奇怪的、反社会的欲望。但当人们生活在这种关系中，更多地表现自己和成为自己的时候，罗杰斯发现人像狮子一样，有一种本性。罗杰斯认为：社会中的个体是人类物种里基本值得信任的一员，个体的最深层特性倾向于发展、分化和合作关系；个体的生活从根本上是倾向于从依赖走向独立；个体的冲动自然而然地倾向于融入一种复杂且不断变化的自我调节模式中；个体的总体特点就是谋求生存和发展。罗杰斯相信完全成为一个人就是要经历成为这个星球上最敏锐、最有责任、最具创造力和适应力的生物之一的复杂过程。

因此，当一位精神分析学派的同人卡尔·门宁格对罗杰斯表达自己的观点，即人"天生是邪恶的"，或者"天生具有破坏性"时，罗杰斯对此表示非常难以理解并对此非常困惑。因为门宁格和罗杰斯抱着同样的目的，在与处于痛苦的个体如此亲密的关系中工作，但他们对人的体验却出现了如此之大的差别。有观点认为，如果治疗师真正地关心他的病人或者当事人，这些巨大差别都是无关紧要的。但罗杰斯认为如果一个分析师自身的天生倾向是破坏性的，他又如何能对自己的病人积极关怀呢？即使他自身的破坏问题得到他的分析师的适当控制和抑制，那谁又来控制那位分析师的破坏性呢？诸如此类的追问确实值得思考。

罗杰斯的临床治疗经验令他无法相信下述观点：如果人性中最深层的东西释放出来，在这个世界上就会出现一个无法控制的、具有破坏性的本我。在罗杰斯看来，这与说狮子的"狮性"是邪恶的同样毫无意义。罗杰斯尊敬那些持此观点的人，但是他在自己的经验中没有找到支持这个观点的证据。罗杰斯曾在一篇早期的论文中表达过自己的立场：

> 我不赞同相当流行的一种观点，即人从根本上缺乏理性，而人的冲动如果不加以控制就会导致对他人和自己产生破坏性。人的行为非常理性，敏锐而有序地朝着机体要达到的目标努力。我们大多数人的悲剧在于我们自我防御性使得我们无法认识到这一理性，于是我们的意识朝着一个方向前进，而我们的机体却朝着另外一个方向前进。但对生活美好的人，他们遇到的阻碍会越来越少，而越来越多地参与到其机体的理性中去。可能对冲动的唯一必要控制就是对两种需求进行自然的和内在的平衡，去发现尽可能满足所有需求的行为。通过损害其他的需求的满足而使一种需求得到极端满足的体验——在防御性强的个体身上这种体验经常出现——将会大大降低。他将参与到机体非常复杂的自我调节活动中去——心理和生理上的恒定控制——以这种方式与自己和他人越来越和谐地相处。

为什么弗洛伊德的人性观和罗杰斯以当事人为中心的治疗经验所证实的人性观会有如此大的差异呢？罗杰斯提出了两个假设来思考这个问题的答案。

首先，罗杰斯理解弗洛伊德为自己的发现而感到极其兴奋——在他的时代一个巨大的发现——在正统的或"一本正经"的外表下，人有着各种野心和性的感受及冲动，它们成功地躲过了他自己和其他人。这一发现对那个时代的文化是惊世骇俗的，于是弗洛伊德的批评者和他自己都关注在人的外表下隐藏着的"邪恶"情感。尽管弗洛伊德自己与病人的经验已经告诉他一旦这些"邪恶"情感被个体所认识、接受和理解，个体就能够被信任为一个能够正常自我控制的社会化的人，但他仍然只关注"邪恶的"无意识。罗杰斯认为，在对精神分析的白热化的争议中后面的这一点被忽视了，他推论，弗洛伊德所持有的人性观过于浅薄。当然与同时期的人相比，弗洛伊德的观点要深刻得多。

罗杰斯的第二个假设解释了弗洛伊德为什么不理解他原本可能在所做的治疗中认识到的这种更深层的含义。罗杰斯发现，接受心理治疗的当事人虽然在某种程度上能够独立地发现被他们自己否认或抑制的情感，但他们却不能依靠自己在情感上完全接受它们。只有在一种"关怀"的关系中，这些"可怕的"情感首先被治疗师接受，然后才能被当事人接受。在弗洛伊德的自我分析中不存在这种温暖的接受关系。所以，尽管当事人可能逐渐认识到并在某种程度上理解了自身那些被隐藏和否认的方面，但未必能够完全接纳它们，并把它们当成属于他自己的可接纳、具有建设性的一部分，他更可能仍然视它们为自身不可接受的方面。

二、人的自我实现倾向

集中体现罗杰斯人性观点的概念是"实现倾向"，罗杰斯在阐述自己思想的过程中无数次地提及实现趋向，但如果不结合罗杰斯对于一般生物特性的看法，对实现趋向的把握就会不够深入。罗杰斯相信，实现趋向不仅是人类所具备的本性，在更具普遍性的意义上，实现倾向是一切生物都具备的基本倾向，是最能体现生命本质的生物特性。任何一个生物，不管是一株草、一棵树、一头狮子，还是一个人，只要他（它）被赋予了生命，他（它）就会表现出一个明显的生长、发展和活动的趋势，概而言之，就是一种求生存、求强大、求茂盛、求完满的趋势。罗杰斯于 1977 年写过一段极富诗意的话：

　　记得我小时候，家里把冬天吃的土豆贮存在地下室的一个箱子里，距离地下室的那个小小窗户有好几英尺。生长的条件相当差，可是那些土豆竟然发芽了——很苍白的芽，比起春天播种在土壤里时长出的健壮的绿芽是那么地不同。这些病弱的芽，居然长到二三英尺，尽可能地伸向窗户透进光线的方向。它们这种古怪的、徒劳的生长活动，正是我所描述的趋向的一种拼死表现。它们也许永远也无法长大成株，无法成熟，永无可能实现它们实有的潜能，但是即使在如此恶劣的生存条件下，它们也要拼死去成长。生命不知道屈服和放弃，即令它们得不到滋养。在与那些生命被严重扭曲的当事人，与州立医院后部病房里的男男女女打交道的经历中，我常常想起那些土豆芽。供这些人成长发展的条件是那样的恶劣，以致他们的生命看起来常常是异常的、扭曲的、少人性的。但他们身上那种有方向的趋向仍然值得信赖。理解他们的行为的线索是，他们在以其唯一可行的方式奋斗，趋向成长，趋向成人。对我们来说，他们的奋斗方式古怪而徒劳，但在他们，那是生命要实现自己的拼死挣扎。

这段话是罗杰斯讲述实现趋向最具有诗意和情感色彩的一段，罗杰斯在另一个谈论人类基本动机的场合，曾用以下方式界定实现趋向："每个有机体都有一种保持自己，如果可能的话增强自己，最终要再生自己的趋向。对我来说，这一趋向成长，趋向保持和增强有机体的基本趋向，是所有动机的核心。"

在罗杰斯眼中，这种实现趋向最集中地体现了生命的本质特性，它是所有生物的本性。但是，人类的实现趋向是否与其他生物的实现趋向有所区别呢？罗杰斯很少直接谈论这一点，但与罗杰斯共事的学者玛莉认为，罗杰斯是认可人类的实现趋向与动物应该有所区别这一观点的。

所谓"充分发挥机能"，在生物如橡树，就是要完满地生长，长成枝叶茂盛的大树；在动物如狮子，就是要长成，要捕猎，要哺育后代；在人类，充分发挥机能也是机体的要求。人从一出生开始，便不断地力求充分发挥生命的机能，只是这种要求常常不被个体意识到。但是人类身上，有时实现趋向也诉诸人的感受，诉诸直觉，诉诸某种冲动。充分发挥机能的含义就是要求让本身所具备的潜在的机能发挥作用。使之由潜在形态转向现实形态。像另一位人本主义心理学家马斯洛所说，是画家便会要求画画，诗人就想作诗，音乐家就需要演奏音乐……

总之，实现趋向的含义大概是，生物要求将其由遗传赋予的潜在的性状充分表达出来，要求将自身所赋的机能（在人，包括人的各种身体的、心理的机能）充分发挥出来，而所有这些表达，这些发挥，从某个特别的角度来看，是有方向性的。这个方向如罗杰斯所说，是向上、向前，积极的、建设性的、创造性的。

实现趋向是整个有机体的机能，是每个有机体的整体机能，不是有机体的某一个部分、某个特别器官的机能。只有在有机体作为一个整体而存在，只有在有机体是一个正常完整的个体的时候，它的实现趋向才会最强烈地展现出来。因此很难将实现趋向与机体某个部分的特性或功能联系起来，你在人的身体的任何部分都发现不了直接反映实现趋向的东西。实现趋向只有在综观整个生命的表现，跨时间地看有机体的时候，才能让人感知到它，体会到它的存在，它的力量。罗杰斯在《一种存在方式》一书中这样说：

　　要言之，有机体总是在追求、在发动、在完成某事。人的内心自有一核心能源，这种能源并非只有一部分可信，而是整体均可以信赖！最简单地说，就是一种朝向充分发展、自我实现，不仅维持现状而已，还要提升个人境界的方向去实现的概念。

实现趋向是罗杰斯心理治疗理论体系的一个基石，以人为中心的心理治疗方法的许多概念和原理，如机体估价过程、动机理论，以及信任当事人、非指导取向、对直觉和感受的重视等等，都与这个基础概念有密切的关联。欲了解罗杰斯的当事人中心思想，理解这个核心理念是非常关键的。

三、充分发挥机能的人

　　罗杰斯对美好人生的看法大都基于他在心理治疗的非常亲密和亲近的关系中与人打交道的经验，因此这些看法有一个经验的或者实证的基础。罗杰斯观察并参与到那些心理失调或精神困惑的人为了实现美好生活而挣扎的经验之中，从而了解到什么才是美好生活。

　　罗杰斯很明确地指出，自己对美好人生的了解大多是来源于变化异常丰富的治疗体验，于是，罗杰斯试着对这种治疗本质做一个非常简洁的描述，并假定这种治疗在各方面都处于理想的状态。如果这种治疗很成功，有深度有广度，这就意味着，治疗师进入了与当事人之间的一种高度个人化的主观关系中；这不是一个研究对象与科学家之间的关系，也不是一个期待诊断和治愈的病人与医生之间的关系，而是一个人与另一个人的关系。这意味着，治疗师把当事人看成是一个有着无限的自我价值的个人：不管他的局限性、行为或者他的感受是什么，他都是一个有价值的人。这意味着，治疗师是真诚的，他不以任何防御性的外表掩饰自己，而是以他在感官上体验到的感受与当事人相遇。这意味着治疗师能够让自己理解这个当事人；意味着没有内在的障碍把他和当事人在关系中的每一瞬间的存在分隔开；意味着他能够传达对于当事人的共情理解。这意味着，治疗师已经轻松自如地完全进入这个关系中，尽管在认知上并不了解它将通向何处，但他心满意足地在双方关系中提供一种氛围，允许当事人在最大限度上自由地成为他自己。

对于当事人来说，这种理想的治疗意味着，他将探索自己内心那些越来越奇怪的、未知的以及危险的感受。当事人逐渐意识到自己被无条件地接受，所以才可能有这种探索。他因此变得对自身体验的各个元素熟悉起来，而这些元素在过去被拒斥于意识之外，因为它们对自我结构具有太大的威胁性、破坏性。他发现自己在关系中正在充分地、完全地体验这些感受，以至于在这一瞬间他就是他的恐惧、他的愤怒、他的脆弱、他的力量。而且当他体验这些千变万化的感受时，他发现，实际上他已经在这些感受的各种各样的强烈程度上体验到了自己，他就是所有的这些感受。他发现自己的行为以建设性的方式发生着变化，从而与他最新体验到的自我相一致。他不再担心自己的体验可能会成为什么样子，而是把它作为变化发展着的自我的一部分来轻松自如地迎接。

以上只是罗杰斯对当事人中心治疗的理想状态的极为概略

的勾画，这是罗杰斯阐述美好生活观点必备的背景说明。

在罗杰斯试图以理解的态度体悟当事人的体验时，对于美好生活是什么，罗杰斯逐渐得出了一个否定式的结论。在罗杰斯看来，美好生活不是任何一种固定的状态。按照罗杰斯的判断，美好生活不是一种美德，或者满足，或者涅槃，或者幸福状态。美好生活不是一种个体在其中得以适应或者得到满足、得以实现的状态。用心理学的术语来说，它不是某种内驱力的减少或者紧张状态的化解，也不是某种动态的平衡。

假如说，只要实现了一个或多个这样的状态，人生的目标就得以实现了。罗杰斯相信上述所有这些词语，都曾经被人们以隐含这种意思的种种方式使用过。确实，对于许多人来说，快乐或者适应就等同于美好生活。而且社会科学家们还在不断地大谈这类紧张的消除，动态平衡或均衡的实现，仿佛这些状态就构成了人生过程的最终目标。

因此，罗杰斯有些惊讶而且忧虑地意识到，他的体验并没有支持上述任何一种对美好生活的定义。罗杰斯认为如果把焦点放在那些个人的经验上，当事人在治疗关系中已经被证明发生了最大限度的变化，而且在经历这种关系之后的几年中，这些当事人对美好生活的体悟已明显取得了实实在在的进步，那么，在罗杰斯看来，任何这些有关存在的固定状态的词语根本就不能恰当地描述这些当事人的情形。罗杰斯相信，如果把这些当事人描述成"适应良好的"，他们会认为自己受到了冒犯；如果把他们描述成"快乐的"或"满足的"，甚至是"实现的"，那这些当事人会认为这纯粹是一种谬误。基于自己对这些当事人的了解，罗杰斯认为如果说他们驱力性紧张减少了，或者说他们处于一种动态的平衡，这种说法是最不准确的。因此，罗杰斯开始深入地思考：是否有某些方式能够概括他们的情形？是否能够提出任何一种有关美好生活的定义，而且符合他本人对当事人的观察得到的事实？罗杰斯发现，要做到这一点非常不容易，他尽量对此做一些尝试性的描述。

美好生活是一个过程，而不是一种存在的状态。

美好生活是一个取向，而不是一个目的地。

构成美好生活本质的这种取向是整个机体的选择，它具有心理的自由空间，使当事人可以在任何一个方向上变化流动。

机体选择的这种取向似乎有着某种可以辨认的普遍特性，这种特性在许多独特的个人身上都是一致的。

罗杰斯把上述这些陈述综合为一个定义，作为思考和讨论的起点。从自己的个人经验出发，罗杰斯认为，美好生活是人类机体具有内在自由时所自觉选择的一种变化过程的独特取向，而这个取向的一般性质显然有着某种普遍性。那么，这个过程将具备哪些典型特征呢？罗杰斯对此一一进行了描述和说明。

第一，对经验日益增长的开放性。

首先，这个过程包含着一种对经验日益开放的态度。开放性这个词语对罗杰斯来说有了越来越多的含义。它与防御性完全相反，防御性是机体对某些经验的反应，这些经验被认为会威胁到自我，与个体现在的自我图像不一致，或与处在对外关系中的自我图像不一致。通过在意识中被扭曲或者不被意识承认，这些威胁性经验暂时无害地隐藏起来，导致个体完全无法准确地看清自身拥有的经验、感受和反应。治疗过程的一大部分就是由当事人自己不断发现他正在体验的情感和态度，而他在此之前从未能意识到这些情感和态度并把它们作为自身的一部分而"拥有"。

然而，如果一个人能够对他的经验完全开放，那么每一种刺激，不论是源自外部环境的还是源自机体的，都不会被任何防御机制歪曲而通过神经系统自由传播。这时就不需要"下意识"机制了，而通过该机制机体能够预先警告任何具有自我威胁性的经验。相反，无论刺激是环境中的形状、颜色和声音结构对感觉神经的冲击，还是对过去的记忆线索，或内心深处的害怕、愉快、憎恶的感情，人都可以"生活在其中"并完全意识到它们。

罗杰斯认为"美好生活"的这个过程的一个方面就是从对经验的防御性一端向着开放性一端移动。个体正变得更加能够倾听自己，体验自己内部所发生的一切。他对自己的恐惧、沮丧以及痛苦的情感更加开放，他也对自己的勇气、软弱以及敬畏的情感更加开放。当这些感受在他身上出现时，他主观上可以自由地感受这些情感，同时自由地意识这些情感。他越发能够充分地体悟他的机体经验而不是把它们拒之于意识的大门外。

第二，日益提升的存在性的生活。

美好生活这个过程的第二个特征是充分生活在存在的每一个瞬间。这是一个容易被误解的观点，罗杰斯对这个观点作出了如下清晰的说明。

罗杰斯相信，如果充分地对自己的新经验完全开放，而且对这些新的经验完全没有防御，那么对这样的个体来说，每一个瞬间都将会是崭新的。内外刺激的复杂组合在此刻是完全新鲜的。因而这个个体可以意识到"在下一瞬间我将会是什么，我将要做什么，这来自那一个瞬间，而不能被我或被别人提前预测"。

这种存在性生活具有流动性，为了表达这种流动的性质，我们可以说自我和人格是从经验中显示出来的，而不应该说将经验翻译或扭曲以适应预先认定的自我结构。这意味着个人变成机体经验的流动、前进过程的参与者和观察者，而不是对经验加以控制。

这样一种沉浸于瞬间的存在方式意味着没有僵化、没有紧缚的组织框架，没有把结构强加于经验之上。它意味着一种最大限度的适应性，意味着在经验中发现结构，意味着一种流动变化着的自我和人格的结构。

在罗杰斯看来，这种朝向存在性生活的倾向在那些进入美好生活过程中的人身上非常明显。可以说，这一点是美好生活最基本的特性。它涉及在体悟经验的过程中发现经验的结构。另一方面，我们绝大多数人都带着一个早已形成的经验结构和对经验的评价并且从未抛弃它，歪曲和填塞经验以适应我们的先入之见，而且我们厌恶经验所具有的那些难以驾驭的流动特性，因为流动性使得经验难以符合那些我们小心谨慎地建构起来的经验分类。对发生在此刻的事情敞开心灵，去发现那个当前的过程，不管它看起来有什么结构——这就是当事人接近美好生活时，美好、成熟的人生特征之一。

第三，对机体日益增长的信任。

体验着美好生活的个体还有另一个特征，就是在每个生存环境中，机体作为达到令人满意的行为工具，个人对它有一种日益增长的信任。

对于在任意情景中选择作出何种行为时，许多人依靠的是一些指导原则、某团体和机构制定的行为章程、他人的判断，或是过去在相似情境下的行为方式。然而，当罗杰斯观察那些生活在美好过程中的当事人时，他发现，这些个体越来越能够信赖他们自己的整个机体对于某种新情境的反应，因为他们越来越发觉，如果对自己的经验持开放态度，去做"感觉正确"的事情，结果就会证明它是有效又可信的行动指导，而且它真的令人感到满意。

罗杰斯是循着这个思路来探究原因的，一个对自己的经验持完全开放态度的人能够获得该情境中可以获得的一切资料，并将这些资料作为其行动的基础：社会规则、自己内心复杂的而且可能矛盾的需求、对过去相似情境的回忆、对当前情境的独特知觉等。这些资料可能十分复杂，但他可以让他的整个机体、他的意识参与其中，考虑每个刺激、需求，它们的相对强度和重要性，并且从这种复杂的斟酌和权衡中，发现最能满足其所有需要的行为。与这个描述类似的比喻就是把人比作一台巨大的电子计算机。由于他对自己的经验持完全开放的态度，来自他的感观、记忆、过去经验、内脏和内部状态的所有资料都被输入到该机器中。该机器运用了作为资料输入进来的各种力量，快速地计算出在当前存在情境下能够最经济地使需求满足的行为。这就是罗杰斯所设想的人的行为。

大多数人所犯的导致这一过程不值得信赖的错误就在于纳入了不属于当前情境的信息，或者排除了属于当前情境的信息。正是在记忆和以前的知识被不断地放入计算程序时，它们被看作就是此刻的真实，而不再是记忆和知识，这样就产生了关于行为的错误答案。或者当某些具有威胁性的经验被阻抑在意识之外，并因此被阻止进入计算程序或以一种歪曲的形式被输入时，也会产生错误。但罗杰斯假设的这个人发现，他的机体是完全值得信赖的，因为所有可以得到的信息都可被运用，它就会以准确而不是歪曲的形式呈现出来。因此他的行为就会尽可能地接近满足他所有的需求——增强自我的力量，丰富与他人的联系，等等。

在这一权衡、平衡和计算的过程中，当事人的机体不可能达到绝对的正确无误。机体总是对可以得到的信息作出最佳可能的回应，但有时信息也会丢失。然而，因为是开放地对待经验，任何错误和随后不能令人满意的行为都会被快速地纠正。就好像计算总是处于自我纠正的过程中，不断地在行为中得到核查。

罗杰斯在当事人身上看到，当他们对自己的体验持更加开放的态度时，他们就发现越可以信任他们的反应。如果他们"想要"表达愤怒，他们就会发火，而且发现其结果令人满意，因为愤怒同其他所有的欲望都平等地存在，如友情、合群和关系。对于复杂和烦人的人际关系，他们自身有找到行为解决方法的本能技巧，这令他们感到非常惊奇。而只有在事后，他们才会知道自己的内部反应能够带来令人满意的行为，以及它们可信赖的程度是多么不可思议。

第四，更充分发挥功能的过程。

罗杰斯将描述美好生活的三方面综合起来，作了一个更加有条理的描述。那些心理上自由的人似乎日益成为功能得到充分发挥的人。他能更好地与自己的所有感觉和反应相处，并更彻底地生活在其中；能更充分地利用他的全部机体感官，尽可能准确地感觉内外部的现存环境；能在意识水平上利用他的神经系统所能提供的所有信息，但他也会认识到，他的整个机体可能常常比自己的意识更明智；更可能允许他的整个机体自由地发挥其全部复杂功能，从而在各种可能中挑选出当前最令人满意的行为；他能够对机体的这一功能给予更多的信任，不是因为它确头可靠，而是因为他能够更开放地对待自己每个行为带来的任何结果，并且在这些结果不太如意的时候予以纠正。

他更能体验到自己的所有感受，更少害怕任何感受；他自己筛选证据，也能更开放地对待来自各方面的证据；他完全地投入到做自己、成为自己的过程中，从而发现自己有着相当好的、现实的社会性；他更完全地生活在此刻，而且认识到这是终生最健全的生活。他正在成为一个功能得到更充分发挥的机体，并且由于他自身的意识在自己的经验中自由地流动，由此他正在成为一个更加充分发挥机能的个人。

创造性是美好生活的一个要素

罗杰斯相信一个生活在美好生活当中的人很明显地是一个富有创造力的人。由于他能够敏锐而开放地对待自己的世界，信任自己能够与自身环境形成新的关系的能力，所以他将产生创造性的成果，过上创造性的生活。他不作出"调整"以适应他所在的文化，几乎可以肯定的是他不是一个墨守成规的人。但在任何时候，在任何文化里他都可以与他的文化和谐相处，同时建设性地生活在一种需求均衡的满足之中。在某些文化情境中他可能会以某些方式表现出不快乐，但他会不断地趋向于自我的生成，不断给自己最深层的需要提供最大限度的满足，以这种方式来实现自己。

罗杰斯相信这样一个人会被进化研究者认为是最可能在变化的环境状态下适应和生存的一类人。他能够创造性地针对新旧环境作出合理调整。这可能恰恰就是人类进化的一个先驱。

对人性的基本信任

当机体功能得到自由发挥时，人类的基本特征是建设性的，而且是值得信赖的。罗杰斯认为这是从他四分之一个世纪的心理治疗经验中必然得出的结论。如果治疗师能帮助当事人从防御中解放出来，他就能够开放地对待自己的多种需求以及环境和社会的各种要求，那么就可以相信他的反应是积极的、前进的、具有建设性的。人们无须追问谁将促使他社会化，因为他自己最深层次的需求之一就是同他人联合和交流。当他更完整地成为他自己时，他也将更加社会化。人们无须追问谁来控制他的攻击冲动，因为当他对自己的所有冲动更加地开放时，在他身上被爱和给予爱的需要会与他的攻击性一样强烈。在攻击是适当的行为下，他会有攻击性，但是不会有为了攻击而失去控制的需要。凡此种种方面，当他变得对所有的经验更加开放时，他的全部行为将变得更加平稳和现实，更适于一个高度社会化的个人的生存和提升。

有人认为，人在本质上是非理性的，如果对他的冲动不加以控制的话，将导致对他人和自我的伤害。罗杰斯不太赞同这种流行的观点。罗杰斯认为，人的行为是极度理性的，带着微妙而有序的复杂性向着他的机体着力达到的目标前进。对于社会中的大多数人而言，悲剧在于我们的防御机制抑制了我们对这种理性的意识，结果是我们的意识上是在一个方向上运行，而机体上我们却朝着另一个方向运行。但在那些体验美好生活的过程的人身上，这些障碍性因素的数量是逐渐减少的，他越来越参与到机体的理性中去。唯一可能存在的或证明是必要的对冲动的控制，是不同需要之间的自然的和内在的平衡，以及发现合理的行为方式来尽量满足所有的人类需要。在使用防御机制的人身上非常普遍的经验，是极度满足某种需要（如攻击性或性等等）以致损害了其他所有需要的满足（如友情、亲情等等），这种经验方式在充分发挥机能的人那里则大大减少。他会参与到机体极为复杂的自我调节的活动——心理上和生理上的平衡控制之中，从而做到与自己、与他人日益增长的和谐共处。

生活更加丰富

罗杰斯认为，与我们大多数人狭隘的生活相比，美好生活的过程包含一个更宽广的范围，具有更大的丰富性。成为这一过程的一部分就意味着当事人涉入对一种更敏感的生活体验，他会不断地害怕同时又不断地得到满足，这种生活有着更宽广的范围、更充分的多样性以及更深厚的丰富性。在罗杰斯看来，在治疗中发生了显著变化的当事人，不但更密切地与他们的痛苦相处，而且更生动地与他们的心醉神怡相处；他们更清晰地感受到自己的愤怒，更会感受到爱；他们更深地了解恐惧，而且还有勇气体验这种恐惧。他们能这样充分地活在一种更宽广的范围内，原因在于他们有潜在的信心，认定自己就是迎接生活的值得信赖的工具。

罗杰斯认为在人们看来诸如快乐、满足、幸福、愉快等形容词，来描述自己称之为美好生活的这个过程似乎都不是特别恰当，尽管处于这个过程中的当事人会在适当的时候确实会体验到这种种感受。但是，似乎更确切的形容词应该是丰富的、激动的、有益的、挑战性的、意味深长的等等。罗杰斯确信美好生活不是懦弱者的生活。它涉及当事人潜能的日益拓展和成长。它涉及生存的勇气。它意味着使自己完全投身于生活的洪流。当当事人获得了内部自由的时候，他会选择这种个人生成变化的过程，作为最美好的一种生活；而这对于人类来说是极其令人振奋的事情。

四、回应两个经典问题

在人性观的讨论中，自由意志对决定论，人性善对人性恶，这是两对经典性的论题。罗杰斯对这两个问题皆有思考和论述。

自由意志对决定论

在心理学界关于自由意志与决定论的讨论由来已久。弗洛伊德是决定论者，而且是旷世难觅的决定论者。弗洛伊德相信当事人的任何举动、幻觉、口误或笔误乃至梦境都必有原因，因此才有他那心灵侦探式的心理分析治疗。可以说，没有决定论这一哲学方法论思想，就没有精神分析理论。弗洛伊德在这个问题上立场很明确也很坚定。但是，罗杰斯在这个问题上就出现了一个奇特的态度，在自由意志和决定论的这一对矛盾中，罗杰斯自己同时做了矛盾的两方：有时他是严格的决定论者。当他人格中科学家的那一半出现时，他是冷静、客观、决定论的。相信因果律亦存在于行为领域，相信人的行为有规律可循。在这个时候，罗杰斯接受科学心理学的所有客观法则。承认人的行为，乃至精神障碍患者的行为，都有确定的原因——不管这原因存在于内部还是存在于外部，都可以用客观的方法予以研究。接受客观法则等于承认决定论，因为科学的客观性原则是建立在决定论的基础之上的。当罗杰斯进行他那些心理治疗的实验研究时，他很严格地遵循了决定论和客观性原则。"当我们以客观的方法进入心理治疗这一领域时，我们像其他任何科学家一样，就成了彻底的决定论者。从决定论的角度看，当事人的每个想法、每个感受和行为，都是先前发生的事情所决定的。"

但当罗杰斯不是以一个科学心理学家的身份出现时，而是以一个非常个人化的治疗者的身份参加到与当事人的治疗关系中的时候，那些时时在发生的事情又使他深深感到当事人——进而可泛及一般人——的确享有自由。他发觉他的当事人在治疗取得进展之后，在他们开始向机能充分发挥的方向转变的时候，他们似乎感觉到自己具有"选择自我"的自由。他可以选择改变他自己，也可以选择继续躲在防卫的面具后；他可以前进，也可以倒回去；他可以选择损人损己，也可以选择利人利己；他可以选择生，也可以选择死。

罗杰斯很为这个两难的问题头痛。然而，在仔细观察了机能充分发挥的人之后，罗杰斯认为他可以为"自由意志对决定论"这个两难问题提供一个新的视角。罗杰斯认为，在理想的心理治疗中，当事人确实会体会到完全、绝对的自由。当当事人完全开放地面对各种内外刺激，面对他过去的经验、环境信息，以及他自己的内部体验时，他就会选择一条最经济合理又最令人满意的行动路向。他作这个选择的时候，的确是在"全凭自己做主"；但是，他做的这个决策，换个角度来看，比如从一个决定论者的角度看，或者从决策论的角度看，则又纯粹是被各种内外条件决定的。一个对体验完全开放的人和一个受防卫支配的人，前者在做一个决策时，他充分地利用了所有决策资料和信息，因为他对这些信息是坦诚的、不歪曲的。因此这个人作出的是所有可能中最好的决策，在此过程中他也体会到完全、绝对的选择自由；而后者由于受到了防卫倾向的支配，他在作决策时不能够充分和自如地运用资料，他就会感到受条件所限，虽然他也会自主选择一条行动路向，但他会同时感觉到他不能不这么选择，所有的情景和条件都似乎在说，"你别无选择"或者说"这就是最好的选择"。因此主观上这个人不会感觉到自由。

这样看来，这只是对自由意志和决定论的一个心理学解答，不是一个哲学回答。罗杰斯本人也明白这一点。他总结说道：我没有天真到以为我把这个主观与客观、自由与必然之间的难题完全解决了。然而我的确从中得到了一些领悟，一个人越是生活在美好人生的过程中，就越能够体验到选择的自由。机能完全发挥的人即使在绝对受决定的条件下，也仍然能体验并运用绝对的自由，而从其中作出自发、自由和自愿的选择。

关于人性的善恶——与罗洛·梅的讨论

罗杰斯本人并不热衷于讨论人性善恶的问题，但作为当事人心理治疗的领袖人物，罗杰斯仍然需要就这个表明自己的态度。罗杰斯态度的表达最为集中地体现在与罗洛·梅的讨论之中。

罗洛·梅是一位"最著名和最雄辩的存在主义心理治疗职

业医师"，著述丰硕，他把心理治疗的临床经验与人和社会日常关注的问题联系起来，是一位拥有众多读者的杰出的个人和社会心理学思想家。罗洛·梅与罗杰斯在思想观点上拥有很多的共同见解，彼此都非常敬重对方。两人的主要分歧在于对人性基础的善恶判断上。

罗洛·梅认为，人是"多种潜能的聚合体"，所有这些潜能都由一种他称之为"魔力"（Daimonic）的基本欲望所驱动，它是每个人用来肯定自身、扩展自身、丰富自身，乃至令自身"不朽"的那股力量。这"魔力"所驱动的潜能既有积极的，也有消极的，这些潜能是人所具有的建设性和破坏性的来源。罗洛·梅深信：这种魔力若能整合于人格中，将产生创造力，这是一种正向的作用。若魔力无法与人格整合，就会掌握控制整个人格，导致狂力暴乱，甚至造成整个社会的暴乱、集体的偏执状态等等，破坏性活动就是这么来的。

罗杰斯对人类破坏性的冲动并非毫无所知，作为一位长年累月与各种各样精神障碍患者打交道的治疗者，他对当事人常常表现出来的暴力、伤害，甚至谋杀的念头有着相当深入的认识。但正是这些个人治疗经验反而使他坚信，这些冲动并非来自人类最基本的生物倾向："虽然我对现今世界中数量惊人的破坏、残酷与令人惊惧的行为知之甚详——大至战争威胁，小至街头暴力——但我仍然找不到邪恶是人类遗传本性的证据。特别是在有助于个人成长和自由抉择的氛围中，我从来没有看到过有人会选择罪恶和破坏的方向去做。在此种气氛中，每个人所选的都是更加社会化、更能与人建立良好关系的。这样的经验让我确信人之所以会做出恶性，是受其社会文化影响的结果……所以我看到的每一个人，就像其他物种一样，其天赋本性基本上均是建设性的，只是在成长过程中被经验给毁了。"

罗洛·梅正是在这一点上与罗杰斯有着根本的分歧，他问："社会文化不就是你和我这样的人塑造出来的吗？难道你我都不必为不良影响和不公不义负责吗？文化并不是由冥冥之中的命运之手造就的，亦非某个人强塞给我们的东西。"罗洛·梅深信人类文化中之所以有恶出现，是因为创建文化的人本身就同时具有善、恶两面。在我们的文化中一直有破坏部分的存在，因此生活在此文化中的人类本身就有部分破坏性。因此，文化中的恶乃是人性中的恶的反映，人性中的恶同时是文化中的恶的反映。

罗杰斯使用社会性条件作用和志愿选择这两个概念来解释恶行的产生。他认为，人虽然没有遗传的为恶倾向，但是人有为恶的能力，正如人有为善的能力一样。为善还是为恶，依赖于社会性条件作用与志愿选择两种因素起作用的状况。"社会性条件作用"大意是指人尤其是儿童的社会化过程中，各种社会力量渗过条件作用过程来塑造儿童，使之吸收社会的价值观和行为规范。社会性条件作用的特点之一就是使儿童吸收、内化一些负面的、消极的价值观进入其自我概念之中。而"志愿选择"则是指个人自己所做的并且必须由其个人负责的行为选择。罗杰斯在最后的讨论中指出，他与罗洛·梅的分歧只在于罗洛·梅认为人性生而有恶的一面，而他自己则认为从生物遗传的角度来说，人性是积极的，具有建设性的；罗洛·梅所列举的证据都不能支持人性先天有恶之说，而据罗杰斯本人的观察来看从未发现人性有先天之恶的证据。

第 3 章

当事人中心治疗基本理念

一、当事人在治疗关系中的地位

罗杰斯认为，使用患者这个用于医学诊断的词语来称谓寻求心理咨询和治疗的人并不合适，罗杰斯使用当事人代替了患者这个词语，用以称呼意识到自己需要帮助并主动前来寻求心理咨询与治疗的人。那么在罗杰斯的以当事人为中心治疗思想中，当事人在心理咨询和治疗中处于怎样的地位，发挥怎样的作用呢？

罗杰斯认为在心理咨询与治疗中，应该是由当事人而不是咨询师主导着探寻心理问题根源的方向。当事人中心疗法思想认为只有当事人自己才真正地知道哪些体会是被压抑的，哪些经验是被回避的，问题的症结和根源究竟在何处。与其由咨询师根据诸多信息来做分析探究，我们应该更信任当事人自身的洞察力，咨询师的责任就是创造出一种安全和接纳的心理氛围，帮助当事人在这样安全和放松的心理氛围中勇敢地自我探寻，帮助当事人寻找并面对所有被压抑或者回避的体验。当事人中心理念的使用意味着该疗法将探究心理问题以及改变自我的责任赋予了当事人，咨询师不就当事人的具体问题提出具体而细微的行为方式建议，而是促使和帮助当事人改变面对自我的态度，帮助当事人实现与真实自我的对话，从而充分发挥自身所具备的实现倾向。在这个过程中，咨询师不需要对当事人的具体行为作出任何指导和建议，而将改变具体行为的责任交给了当事人并给予当事人充分的理解和接纳。咨询师不是高高在上的权威或者专家，而是与当事人位置平等的个体。咨询师不能居高临下地对当事人作出任何的价值判断，而只是作为当事人探寻真实自我旅途中的伙伴，鼓励和帮助当事人找到真实的自我。

罗杰斯不仅信任当事人探寻自我的能力，同时，他明确地提出，在每个当事人身上都拥有一种积极的、正向的、自我实现、自我成长以及社会化的积极倾向。即他认为每个人都是趋向于自我实现和社会实现的和谐统一，都拥有着积极和成长的美好倾向。罗杰斯对人性有着积极乐观的信心，他大力提倡在心理咨询和治疗中，我们可以充分相信不论当事人处于多么离奇古怪、多么脱离常规的心理状态中，当事人的内心最根本最真实的倾向一定是积极的和社会化的，我们应该充分信任当事人自身具备的积极倾向，在心理咨询及治疗中，以当事人为中心探究心理问题的根源和寻求改变的具体方向。

二、指导性方法和非指导性方法

罗杰斯从咨询师临床技术的指导性程度入手，将咨询师临床技术区分为指导性方法和非指导性方法。这项研究唤起了所有专业人士对咨询师实际工作的高度关注，也促进了专业人士对临床实际的工作进行实证研究和反思。

罗杰斯通过对比的方式阐述这两种方法在临床操作方面的

主要特征：第一点，咨询关系中双方的言语表达的比例不同。显而易见，使用指导性方法的咨询师在咨询情境中说得更多；使用非指导性方法的咨询师，其当事人在咨询情境中说得更多。第二点，治疗过程中咨询师注意力定位不同。指导性方法的咨询师将主要的注意力放在了劝说当事人、指出需要矫正的问题、解释测试结果、提出特定问题等方面；使用非指导性方法的咨询师将主要精力集中在认知和解释当事人在言谈举止中表达出的情感。第三点，咨询师工作中的技术重点不同。指导性咨询师强调的是控制会谈并使当事人朝着咨询师选择的目标前进的那些技术；非指导性咨询师强调的是使当事人更加清楚地意识到自己的态度和情感并随之促进其洞察力和自我理解的那些方法。

在细致对比分析了这两种不同方法的操作特征后，罗杰斯进一步深入地指出，不仅是可见的外显的临床操作特征值得关注，这两种方法背后隐含的咨询哲学和价值观上的差异更加值得关注和思考。罗杰斯认为，在应用科学领域价值观是决定选择实践技术的一个重要的因素，因此了解指导性咨询和非指导性咨询的内在目的是极其必要的。罗杰斯认为这两种技术在咨询哲学和价值观上的基本差异在于：第一点，由谁选择当事人的目标。指导性咨询假定，咨询师选择当事人要达到的、符合其需要和社会允许的目标，然后帮助当事人努力达到该目标。这个原则背后隐藏的判断是，咨询师比当事人要高明，当事人无法承担起选择自身目标的全部责任。与此不同的是，非指导性咨询的基础则是当事人有权力选择自己的生活目标，尽管这个目标可能与咨询师为其选择的目标不一致。非指导性方法相信，一旦当事人拥有了一定的洞察力，就有可能作出明智的选择。第二点，当事人的地位不同。非指导性方法十分重视每一个体都有心理独立、维护自身心理完整性的权利。指导性方法则十分重视服从社会、能力强者指导能力弱者。第三点，判断咨询成功的标准不同。指导性咨询的成功判断标准是具体问题的解决，如果当事人解决问题的方式是咨询师所赞同的，如果症状消除了，那么就可以认为治疗成功了。非指导咨询则是把重点放在了当事人本人身上，而不是具体的问题。如果当事人通过咨询获得了足够的信息去理解自己和现实情境之间的关系，获取了更好的能力去处理未来的问题，随着能力的增强，当事人更能为自己承担选择和改变的责任，那么在非指导性咨询看来，这就是成功的治愈。

同时，罗杰斯非常审慎地提出，非指导性咨询使用的对象是那些有能力为自身问题找到适当而合理的解决方法的绝大多数当事人。精神病人、心智不健全者或者甚至在他人帮助下都无法解决自身问题的一小群人，咨询不能是唯一的办法。同时非指导咨询也不适用于那些环境对他们提出了不可能做到的要求的儿童和成人。通过界定非指导性咨询方法的适用对象，罗杰斯明确指出了这种鼓励成长和形成责任感的治疗方法能够适用于大多数调适不良的社会个体。

三、从咨询技术到咨询关系

罗杰斯从指导性方法和非指导性方法的技术对比入手，开始了对咨询师治疗行为的研究。上述这项研究在得到专业人士高度关注的同时，对当事人中心咨询实践本身也产生了深刻影响。在 20 世纪 60 年代后期，出现了一个比较强的倾向，即以纯技术的观点来对待当事人中心治疗。具体表现在大量标榜当事人中心取向的教材、训练计划的出现。许多培训计划专注于程序性的技术训练，开发某种对会谈技术进行评价的工具，而对咨询师本人的人格、素养和态度等，则采取了淡化处理的方式。这种过分强调特殊咨询技术的倾向，在罗杰斯看来背离了当事人中心疗法的精神本质。在此我们可以引用一个典型例子对上述观点予以说明。在罗杰斯流派的治疗中，经常被提及、被训练、被运用的一项谈话技术是所谓的"情感反射"（Reflection of feelings），罗杰斯在晚年写了一篇文章，名为《情感反射与移情》。这篇文章谈论的是罗杰斯对这项"技术"的意见，在文章的开头，罗杰斯阐述了一段话，从中可以看出他对把当事人作为中心治疗技术化的强烈反感：

> 尽管我对用这个术语（Reflection of feelings）来描述治疗者的一种特定反应也负有部分的责任，在过去的这些年里，我越来越不喜欢它。主要原因是"情感反射"几乎总是被当作一项技术来教授，有些时候还教得呆板至极：以写出来的当事人的表述为基础，要求学员拟出"正确的"情感反射。还有更加糟糕的，让学员在多项选择中选出那个"正确的"情感反射。这样的训练对于有效的治疗关系毫无裨益，所以我越来越讨厌使用这个术语。

罗杰斯非常反对这种"技术至上"的态度，他所提倡的立场可以用"态度至上"来形容。当事人中心治疗流派认为，核心的治疗条件之所以得以建立，不在于咨询师有意识地做了什么，而是在于咨询师对待当事人的态度是什么。关于技术使用的目的，罗杰斯认为咨询师使用任何一种技术时，最根本的目的应该是向当事人传递一种无条件的积极的关注和接纳的态度。通过对技术的使用，创造出一种安全和接纳的心理氛围，技术的使用只是实现促成心理成长氛围的途径。

四、促成心理成长的三个条件

罗杰斯明确提出，不是咨询师使用的具体技术而是咨询关系的质量——尤其是咨询师的恰当性（真实性）、无条件积极关注（称赞、接纳、信任）和同感（从当事人的角度理解他），在治疗关系中起着更重要的作用。罗杰斯对促成心理成长的这三个条件分别作出了详细的说明。

第一点，咨询师的恰当性（真实性）。罗杰斯认为在咨询关系中，咨询师本人表现出来的真实性是营造安全和接纳的心理氛围的首要条件。真实性指的是咨询师需要在治疗关系中真实地体验到自我，并将这种真实的体验以合适的方式表达出来。首先，这种真实性存在于特定的范围中，即与当事人的咨询关系中，咨询师不需要也做不到在咨询室外时刻按这个原则行为处事。其次，咨询师想要做到真实，需要尽可能地去面对自己内心的感受，而不能是表面上呈现一种态度，但实际上在深层或者无意识中却持有另外一种态度。罗杰斯相信咨询师本人外在表现和内心体验之间的不一致会以一种微妙的方式传递给当事人，令当事人感到困惑进而失去对咨询师的信任。罗杰斯认为只有当咨询师向当事人传递存在于自己内心的真实感受时，才能唤起当事人寻求自身内心真实的愿望和努力。即使这些真实并不都是愉悦的感受或者有益于一个良好关系的态度，罗杰斯依旧认为真实地表达对长远的建设性的心理成长是有益的。

第二点，无条件积极关注（称赞、接纳、信任）。罗杰斯认为咨询师越是能够无条件地接纳和欣赏当事人，就越有可能创造出一种可以帮助当事人心理成长的咨询关系。罗杰斯所说的无条件，指的是不对当事人的态度和行为作价值判断，即不给予积极或者是消极的价值评价。在罗杰斯看来给予积极的价值评价依旧会给当事人带来被衡量的紧张感，因为咨询师在给予当事人积极价值评价的同时，也意味着对当事人有作消极价值评价的权利。罗杰斯所说的接纳，是指对当事人的一种热情关注，无条件地认为当事人是一个具有自我价值的人，不论他的状态、他的行为或者他的感受是什么样子的。这意味着咨询师将当事人视为一个独立的人予以尊重和欣赏。罗杰斯认为，通过无条件的积极关注能够给当事人传递一种温暖和安全的感觉，当事人在咨询关系中体验到被他人喜爱和珍视的安全感能够帮助当事人实现对真实自我的探索和接纳。

第三点，同感（从当事人的角度理解他）。罗杰斯进一步指出，在以当事人为中心治疗的治疗关系中，仅有接纳是不够的。需要有对当事人的理解，接纳才能真正发挥作用。罗杰斯在治疗关系中不断努力去理解当事人当下的感受，理解当事人的各种情感和表达的个人意义，尽可能敏感地去捕捉和理解当事人的感受。罗杰斯认为只有当咨询师能够理解当事人觉得如此可怕、脆弱、伤感或者怪诞不经的情感和想法，只有当咨询师能够如同当事人所见那般体验到这些情感和想法，并且在体验到这一切的同时，依旧能够无条件地积极关注和接纳当事人，才能创造出有助于当事人心理成长的治疗关系。同感意味着咨询师放下属于自己的自我，用一种投入和共情的方式去理解当事人的内心世界，陪伴当事人勇敢地探索真实的自我，在这个过程中帮助当事人澄清情感和态度，努力找寻真实自我所在。

罗杰斯认为，如果上述三个条件在治疗关系中得以实现的话，就能够为当事人创造出一种能够为他所用的有益于心理成长的氛围，建设性的个人发展和改变就会在当事人的身上出现。

第4章

心理问题的根源及解决之道

一、疏离的出现

    罗杰斯认为当人类从婴儿成长为成人时，一种裂缝在内心逐渐发展起来，这种裂缝使我们的当前知觉与我们机体自身更深层的"经验"分裂开来。为了获得赞赏和爱，我们学会了压抑自身的一些情感和表达，因为它们注定是不会被我们生活中的重要他人所接受的。我们对爱和被接受的需要能够削弱我们保持"和谐"、完整和真实的能力。当我们还是婴儿的时候，"评判标准"牢牢地存在于我们的内心，但是随着我们的身体、情绪和知性逐渐成长起来，我们学会了将来自外部世界的标准"内化"，直到我们中的许多人再也不能认识到内部和外部的区别，再也不知道真实的自我。在成长过程中个人与真实自我产生的疏离，是罗杰斯在一生中不懈观察、研究和论述的问题。罗杰斯认为，这种与自身重要部分失去联系的疏离正是心理和社会问题产生的根本原因。

    首先，罗杰斯就他如何看待现代人所感受到的基本疏离感发表了自己的看法。然后他引用了埃伦·韦斯特的案例来说明，这种孤独感是如何发展到一种悲剧性的结局的。

罗杰斯通过在当事人和其他人身上通常可以看到的两个要素来观察孤独感。第一个要素是个体与自我及其经验着的机体的疏远。在这种根本性的分裂中，经验着的机体在经验中感受到了一种意义，但是意识自我却牢牢地抓住另外一种不放，因为这样才能获得他人的爱和接纳。这样，我们就有了一种潜在的致命分裂，大多数行为受意识感知的意义控制，但是由于个体缺乏与自我进行自由沟通的能力，生理机体所感觉到的其他意义却被否认和忽视了。

我们孤独感中的第二个要素是缺乏一种关系，在这种关系中我们将自己的真实经验——进而使我们的真实自我——与他人进行沟通。如果没有一种关系使我们能够沟通分裂自我的两个方面——我们意识中的虚假外表和我们经验中的更深层水平，那么我们就会有一种没有与其他任何人类接触的孤独感。

这种孤独感是现代人才有的吗？可能是的。在现代社会以前，个体为了获得重要他人的关爱同样也会忽视自身经验。但是他接受的虚假外表，他所感觉到的在自身经验中发现的意义，是一套统一的、拥有强大支持的信仰和意义系统。他所处的整个社会组织倾向于以同样的方式感知生活和经验，因此当无意间放弃了最深层次的自我时，至少他还有一个连贯的、受尊敬的、被赞许的自我并根据这个自我来生活。

与早期类似的团体成员不同的是，现代人抛弃了自身经验而采纳了会带来爱的生存方式，但是他所接受的虚假外表来自父母或少数他人，而他又不断地认识到虽然有些人赞同这种虚假外表，但是其他人却以完全不同的方式来看待生活。没有一个虚假外表是所有人都认可的。这样，在某种前所未知的程度上，现代人经验着孤独、封闭和疏远，而这些源于其自身的更深层存在和他人两方面。

罗杰斯通过对一个资料丰富的个案——埃伦·韦斯特案例来讨论这种非常根本的疏离感的现代类型。罗杰斯通过对资料的梳理和思考，决定从埃伦生活的几个关键事件入手来进行评论。首先，埃伦的青少年时期。罗杰斯认为她在 20 岁之前是一个统一的、整合的正常人，从埃伦的个人发展史中罗杰斯看不到任何病理学的迹象。埃伦是一个活泼、坚强、敏感、叛逆、爱提问、好胜、情绪化、表达力强、多变的一个女孩。她思考着人生目标，她对自己获得巨大的成就有着理想主义的梦想，她是一个非常善变而且敏感的青春期女孩，有着大好前途。在埃伦 20 岁这一年她与自我发生了一次意义重大的疏远。"她爱上了一个浪漫的外国人，却按照父亲的意愿结束了这段感情。"罗杰斯推测，埃伦采纳了父亲的感受就像它们是自己的一样。如果我们将这个片段大致描述出来，那么埃伦的认识可能是这样的："我想我的感受是自己在恋爱。我感到自己做的这件事是积极而且有意义的。但是我的经验并不可靠。我并不是在恋爱。我的投入并不是一个有意义的尝试。我不能受自身经验的指导，否则会犯错，会失去父亲的爱。"

在这段时期的几星期内埃伦开始暴饮暴食并长胖了——形成主要症状的最初表现。只有受到同伴的嘲笑后她才开始节食，这可能表明她开始对自我缺乏信任。她逐渐感到自己需要按照别人的期望来生活，因为自身的冲动是不可信赖的。从这之后不久她就开始蔑视自己，甚至将死亡视为"一位美丽的女士"。总而言之，她是一个不值得信任的机体，其经验会使人误入歧途，理应遭到蔑视。在罗杰斯看来，这并不是她的自我和隐藏感情的第一次真正疏远，但毋庸置疑的是，这次的疏离意义深远。它在很大程度上摧毁了她对自我能够自治的信心。尽管她的精神好了起来，又开始了一段幸福生活，但是她已经抛弃了自我的一部分，并将父亲的感情内化成了自己的。

在她 24 岁的时候，另外一件事使她完全地丧失了自我信任。她爱上了一名学生，显然她非常投入，从这段感情持久性和无处不在可以看出这一点。但是她的父母再次坚持她的经验是错误的。父母要求他们暂时分开。因此在她看来这种关系一定是不真实、不明智的，最好放弃。再次地，她不相信和忽视了自己的体验并内化了父母的情感。她放弃了这段感情，并且，一同放弃的还有对自己能够明智自我引导的信任。只有他人的经验才是可以信任的。这次，她向医生求助。

如果这次她进行了反抗，如果她有力量为自身世界的自身体验而抗争，那么她就会忠实于自己更深层的情感，就会很有可能挽回潜在的、自治的自我。然而反抗没有出现，只有可怕的消沉和对自己身体的憎恶。显而易见，它是应对生活时的一个完全不值得信任的有机体。

换而言之，如果她信任了自己的情感、欲望和体验，那么她就会成为一个充满活力、丰满的年轻女人并嫁给自己爱的那个学生。但是她的情感已经被证明是完全不可信的，她的欲望和体验全都是不值得信任的引导。因此她不仅必须否认自己对爱人的感情，而且还必须节食以迫使自己的体型符合他人的期望，但是这完全与她自己的内心趋势相反。她已经完全丧失了对自身经验的信任，不再把它作为生活的基础。

接下来罗杰斯对埃伦生活中的另外一段插曲作了简短评价。她发现自己的表兄是个可能的伴侣，而这一选择得到了家庭的赞同。他们打算结婚，但是在两年多的时间里，埃伦还在表兄和自己爱的那个学生之间犹豫不定。罗杰斯推想埃伦模糊地认识到如果她选择了那个学生，她就选择了一条未知的、自治的道路。如果选择表兄，那么她就会按照他人的期望生活下去，但是这样做安全而且受到他人的赞同。她选择了表兄并嫁给了他，这样更加抛弃了对自我的信任。

32 岁时，经常萦绕在埃伦头脑中的念头是自己必须变瘦。为了达到这个目的，她实行了节食，并且每天服用六十颗泻药。毫不奇怪，她的内心没有多少力量。她尝试过精神分析，但是帮助不大。"分析师能给予我洞察力，但不是治疗效果。"接着，由于环境因素中断了分析后，她的情况变得更加糟了。

在这段时间里，她谈到了自己理想中的爱人——那位学生。她在信中对丈夫说："那时你是我准备接受的生活，我准备为了你放弃自己的理想。但是，这是一个迫不得已的解决方法。"她孤注一掷地试图接受他人期望她具有的感情，但是她不得不强迫自己。

自此以后，她自我内部的疏远导致了更多的疏远和越来越强烈的远离他人的疏离感。当第二个分析师在她接受治疗的医院里使用她所熟悉的模式再次对她进行精神分析时，她首次企图自杀。她的丈夫希望在医院陪伴她，她也希望如此，但是分析师——这个父亲形象的代表，知道得更多并让她的丈夫离开了。他进一步地摧毁了她对自我引导能力仅存的任何信任。

在那以后，疏离感更加严重了，悲剧也临近了。她去看更多的医生，找更多的精神病师，在那些治疗她的人的眼里，她逐渐成了一个令人感兴趣的物体。最后她被安置到了宾斯万格博士的疗养院里，在那里待了好几个月。

在这段时间里医生对她的诊断仍然还是各不相同。埃伦得知了这些评价，她一定开始不再把自己看作一个人，而是某种陌生的、异常的机械，完全不受自己的控制，正在走向毁灭。在所有的这些"诊断"中我们竟然找不到一丝痕迹表明医生认识到了他面对的是一个人！因此也就不难理解埃伦的话了："我对着自己就像是面对陌生人一样。我害怕我自己。"或者，在某些时刻，"此刻我是清醒的——我在与自己的本性的抗争中痛苦煎熬。命运希望我肥胖、强壮，但是我自己却想苗条、纤弱"。的确,她在与自己本性的抗争中痛苦煎熬。她的机体希望变得健康、强壮,但是内化了的"我"——她为了取悦他人而接受了的虚假自我——就像有一次她所说的,希望自己变得苗条和理智。在埃伦33岁时,医院接受了她的出院请求,埃伦在出院三天后,服用了剂量足以致命的毒药。埃伦自己的话就是最好的墓志铭:"在两种敌对力量彼此相互倾轧的舞台上,我自己感觉到十分消极被动。"

在埃伦·韦斯特的生活中,是什么导致了如此致命的错误呢?罗杰斯认为导致错误出现的是我们每个人生活中都在一定程度上发生的事情,但是在她的身上却被夸大了。婴儿时期,我们生活在自己的经验中,我们信任它。婴儿饥饿时,他不会怀疑自己的饥饿感,也不会质疑自己是否应该想方设法地去获取食物。他根本就没有意识到这些,他是一个信任自我的机体。但是实际上,有时他的父母或者他人会对他说:"如果你有那种感受,我就不爱你了。"于是他感受着自己应该有的感情,而不是他真正有的感情。在这种程度上,他建立起了一个感受着应有感情的自我,只是偶尔会恐惧地瞥见保留了自我的自身机体的实际经验是什么。在埃伦的个案中,这种过程以一种极端的方式进行着。在生活中的大多数最重要的时刻,他人使她相信自己的经验是无效、错误、不真实、不健全的,而且她应该有着完全不同的感受。对她而言不幸的是,她对父母的爱,尤其是对父亲的爱太强烈了,以至于她放弃了相信自身经验的能力,而代之以他们的或者他的经验。她放弃了成为她自己。一位医生在她生命的最后一年中作出了以下评论:"虽然在儿童时期她完全有着自己的独立见解,但是现在她却彻底地依赖他人的意见。"她不再知道自己的感受是什么,自己的态度是什么。这是最孤独的一种状态——几乎完全地与个体的自治机体分离开来。

那么，针对埃伦的治疗出了什么问题呢？在罗杰斯看来，埃伦是一位聪慧而敏感的前来求助的年轻女性。以现代标准来看，对病状的诊断似乎是非常令人满意的。但是为何会导致治疗的彻底失败呢？罗杰斯对这个问题有自己的看法。

罗杰斯认为，治疗的最大弱点就在于对埃伦进行治疗的这些医生中没有一个似乎把她当作一个人来看待——一个值得尊重的人，一个能够进行自治选择的人，其内心经验不仅值得信任而且也是一笔宝贵的财富。

罗杰斯评价道，在治疗的过程中，埃伦更多地似乎是被视为一个物体。第一个分析师帮助埃伦看清楚了自己的情感但却没有去体验它们。这只能使她更将自己视为一个物体，使她与自身体验更加疏远。埃伦很明智地说出了"分析师能给予我洞察力，但不是治疗效果"。分析师告诉她，她是一个具有这样那样动力的个体。她赞同他的意见，尽管肯定不是在体验了这些动力情感的基础上。她只不过是跟随着早已将她孤立起来的模式罢了——不信任自己的体验，而试图相信和感受自己应有的情感，专家告诉她的情感。

然后就是在埃伦的诊断上令人啼笑皆非的争论，显然她自己也知道这些。医生们对她是属于哪种类型的患者各执己见：她是沮丧狂患者，她是强迫性神经症患者，她是抑郁症患者，她可以被治愈，她不能被治愈。随后就是最终的，令人难以置信的决定：她是有自杀倾向的精神分裂症患者，没有治愈的希望，因此我们要让她走，任她自杀。这至少是一个实现了的预言。

浏览埃伦的治疗过程，罗杰斯认为，没有一个人曾经将她当作一个人而倾听她的声音。儿童时期以后，也许甚至是在此之前，她的父母、两位分析师、各位医生都未曾给予她足够的尊重，倾听她的内心深处。他们没有把她视为一个能够应对生活的人，一个其自身值得信任的人，一个内心情感值得接纳的人，在这种情况下，埃伦怎么能倾听自我、尊重自己内部的体验呢？

从埃伦的案例中，罗杰斯总结道：首先，我们把人当作物体对待的各方面——无论是诊断、分析，还是理解，我们都是基于我们的治疗目标来考虑的。这种把人物化的做法对于生理疾病是有帮助的，但并不能成功地治疗心理疾病。只有当我们作为个体与他们有联系，在关系中以个人身份出现，并站在他们的立场上去体验时，才可能会取得成功。只有这种深层次的接触才能消除当事人与治疗师之间的陌生感。

二、成熟个体的价值判断过程

罗杰斯高度关注现代社会的价值观问题，在现代社会中，几乎在每个国家，年轻人都对其价值导向深感困惑；与宗教相关的价值观已经丧失了大部分的影响；每种文化中阅历丰富的个体似乎都对自己所尊敬的目标感到不确定和困惑。世界文化，在所有方面，似乎都在逐渐变得科学化、相对化，我们过去所接受的那种严格的、绝对的价值观显得不合时宜了。也许更加重要的是，现代个体从每个角度都受到了分歧的、互相矛盾的价值观的冲击。人们已经不再可能像不太遥远的过去那样，心安理得地接受祖先们或所属团体的价值体系，并且不对该体系的本质和假设进行考查而过完自己的一生。

在这些情况下，旧的价值导向似乎处于一种分裂或崩溃的状态也就不足为奇了。人们质疑是否存在，或者能否有一种普遍的价值观。人们时常感到，在现代世界中，我们也许已经不再可能具有任何普遍的或跨文化的价值观基础。这种不确定和困惑带来的一个自然结果就是，人们逐渐关注、感兴趣并寻找一种能在当今世界站得住脚的、健全的或者有意义的价值观方法。罗杰斯非常关注价值观问题，而且，他将对这个问题的探索深入到了具体的咨询治疗实践中。在治疗中当事人的价值观、情感和信仰经常发生改变。那么他或者我们怎么才能知道他是否是朝着一种健康的方向改变呢？或者如有些人所宣称的他只不过是接受咨询师的价值体系呢？心理咨询和治疗仅仅是咨询师不自觉地将自己未被承认的、未被考察的价值观传递给深信不疑的当事人的工具吗？或者这种价值观的传递应该是治疗师公开的目的吗？他应该成为维系和传授一种适合当今社会的价值体系的现代牧师吗？这样一种价值体系应该是怎样的呢？整个文化所面临的普遍问题常在被称为治疗关系的文化小系统中痛苦而又具体地明显表现出来。

罗杰斯尝试着寻找一种适当的方法来解决这整个问题。罗杰斯观察到随着个体从婴儿成长为成人，他的价值观发生了改变。如果个体很幸运地继续朝向真正的心理成熟发展，进一步的改变会发生。作为一位经验丰富的临床治疗师，罗杰斯观察到了大量的社会个体是如何走向一种更为丰富的生活的。基于对这些当事人的观察和对临床经验的思考和提炼，罗杰斯对于成熟个人的价值判断过程作出了自己的描述。

首先，罗杰斯简要说明了婴儿的价值评价方式。婴儿有一种与生俱来的清晰的价值评判方式。他偏好某些东西和经验，而拒绝另外一些。婴儿偏好那些维持、促进和实现其机体的经验，并拒绝那些不能达到这些目的的经验。观察婴儿一会儿，会看到：

对饥饿的评价是消极的。他常常大声而清楚地将这一点表达出来。

对食物的评价是积极的。但是获得满足后，他对食物的评价就变得消极了，刚才他还如此渴望的相同的牛奶现在则会被吐出来。

他喜欢安全感，以及与安全感有关的拥抱和呵护。

他因为新经验本身而喜欢它，我们可以从他很高兴发现自己的脚趾、到处抓摸探索和永无止境的好奇心中发现这一点。

他明显不喜欢疼痛、苦味和突然发出的巨大声响。

婴儿的价值评判过程首先是一种灵活的、不断改变的价值评判过程，而不是一种固定的体系。

他喜欢并讨厌同一种食物。他喜欢安全感，但又喜欢新经验。这些最好被描述为一种机体价值评判过程，在该过程中他所经验的每个成分、每个时刻被权衡、选择或拒绝，在某种程度上都取决于此刻它是否使机体得以实现这一标准。

接下来罗杰斯对个体在成长过程发生的价值评判标准改变作出了简要的描述。是什么事情导致我们放弃了婴儿与生俱来的高效而基础健全的价值评判过程，转而代之以大多数成年人所采用的僵硬的、不确定的、无效率的价值判断方法呢？

婴儿需要爱，渴望它，趋向于作出那些会使这种期待中的体验再次出现的行为。然而这样问题就复杂化了。他扯小妹妹的头发，听到她的尖叫和抗议他会感到很满意。随后他就会听说自己是一个"淘气的坏孩子"，他没有得到关爱。如果这种经验一再重复，许许多多的其他人都这样，那么他就逐渐学会了"感觉良好"的东西在其他人的眼里通常是"坏的"。随后下一步就发生了，他会如同其他人一样对自己采取同样的态度。现在，当他再次扯小妹妹的头发的时候，他会严肃地对自己说："坏孩子。"他在内化他人的价值判断，将它转化为自己的。他已经抛弃了自身机体的智慧，放弃了评价的根源，试图在行动上遵照他人设定的价值判断标准，这样做的目的是让自己继续得到关爱。上述这个例子表明了个体为了获得或维持爱、赞许和尊重，放弃了婴儿时代自己内部的评价标准，转而依赖他人的标准。他学会了基本不信任自身经验可以指导自己的行为。他从他人的身上学到了大量的构想价值观并予以采纳，尽管它们可能与自身经验存在巨大差异。由于这些概念没有建立在他自己的价值判断基础上，因此它们更加倾向于刻板，而不是灵活机动。

罗杰斯相信，个体在成长中正是以这种方式积累起了我们赖以生活的内化了的价值模式。我们大多数成年人所使用的价值方法都具有以下特点：

其大多数的价值观都是从其他重要个体或者群体内化而来的，却被当作了自己的。

大多数事件的评价标准在于他自己之外。

其价值观的设定标准在于他们多大程度上能使自己获得爱或者被接受。

这些构想价值观与其自身的经验过程要么根本毫无联系，要么联系模糊。

通常在其自身经验和这些构想价值观之间存在广泛的、未被认识到的矛盾。

由于这些观念不能在经验中获得检验，因此他必须以一种僵化刻板的方式遵从它们。其他选择会导致其价值观的崩溃。由此其价值观是"正确的"——就像永不变更的莫迪斯法典和波斯法典。

由于它们是无法检验的，因此也就没有解决矛盾的现成办法。如果他从团体中获得观念认为金钱最重要，而从教堂中获得观念认为爱自己的邻居是最高价值观，那么他会无法发现哪个对自己更有价值。因此，现代生活的一个普遍方面就是生活在完全矛盾的价值观中。

由于他已经将评判标准从自己转到他人身上，并且与自己的价值评价过程失去了接触，因此他对自己的价值观深深缺乏安全感，并且这种价值观也很容易受到威胁。如果某些这样的观念遭到了破坏，什么来取而代之呢？这种威胁的可能性使他更加僵化或者困惑，或者既僵化又困惑地固守这些观念。

罗杰斯认为上述这些特征适合用来形容我们大部分的成年人，我们将他人的观念转化为自己的，而与自身功能的潜在智慧失去了联系，失去了对自我的信心。由于这些价值观的构成常常与我们的自身经验存在巨大差异，因此我们在某种根本的方式上与自我分离开来，而这就是造成许多现代人感到紧张和不安全的原因。个体观念与其实际经验之间、个体价值观知性结构与其内部未被认识到的价值评判过程之间的这种根本差异是现代人与其自身的根本疏离的一部分。

罗杰斯认为有些个体在成长过程中幸运地超越了他所描述的那种情况，在心理成熟上获得了更好的发展。更成熟的个体发展出来的价值评判过程在某些方面与婴儿期非常类似，但在某些方面则大不相同。根据特定时刻以及对该时刻所体验到的有益和可能实现的程度，他作出灵活而变通的反应。价值观不再是僵化的遵从，而是在不断地变化。去年还有意义的图画现在已经不再有趣，与他人共同工作的方式以前感觉还不错而现在觉得不再合适了，那时看来正确的信念现在看来只有部分是对的或者可能是错的了。

这种人对经验进行价值评判的另一个特征是高度区别性。如同罗杰斯的未来教师班中的成员学习到的那样，一般原则不如敏感的区别反应有效。一个成员说："面对这个小男孩，我感觉自己必须非常严厉，而他也似乎欢迎这样，我对自己这么做感觉良好。但是在大多数时间里对待其他孩子时，我根本就不那样。"她根据自己与每个孩子的关系经验来指导自己的行为。这种人的反应与先前相当僵化单一的、内化了的价值观相比，具有大得多的区别性。

另一方面成熟个体的方法类似于婴儿的方法。评价标准再次牢牢地建立在个体内部。提供价值评判信息或反馈的正是他自己的经验。这并不意味着他不接受可以从其他途径获得的所有证据，但是这意味着会以本身的面目接受——在证据之外——并且它不如个体自身反应有意义。

这个价值评判过程还涉及让自己立即进入当前经验当中，努力去感受和澄清其中所有的复杂意义。在接近自我内部经验时，该过程比婴儿时期要复杂得多。对于成熟的人，它所涉及的范围要广泛得多，因为在此刻经验中要回忆起关于过去的所有相关知识。此刻不仅仅只有当前的感觉，还有过去类似经验的意义。其中蕴含着新旧两种经验。同样，对于成熟的人，经验还包含了对结果的假设。

从上述的描述中可以看出，成熟个体的这种价值评判过程并不容易或者简单。该过程是复杂的，作出选择常常是令人迷惑的，而且也不能保证所做的选择就一定会促进自我实现。但是由于个体能够接受任何存在的证据，由于他对自身的经验是开放的，因此错误是可以得到更正的。如果选择的一种行动无益于促进自我，那么他就会感觉到，并且能够作出调整或者修正。他能够进行最大程度的反馈交流，因此能够不断调整方向，朝向更能成为自己的方向发展。

三、疏离感的消解之道：成为真实的自我

罗杰斯通过对数十年临床经验的观察和反思，认为人类存在着一种深层的、隐藏着的共同性。罗杰斯认为当人类完全有自由选择自己所珍视的东西时，他会选择那些能够促进自己和他人生存、成长和发展的事情、经验和目标。当人类机体处于一种促进成长的氛围中时，其特点就是选择这种自我实现和社

会化的目标。罗杰斯认为这是一种从人类机体经验中可能产生出来的普遍的人类价值导向。个体如何实现这种基本的、深层的价值导向并在社会层面上达成一种共识呢？罗杰斯认为解决之道就是成为真实的自我。

罗杰斯在临床工作中主张尽可能地为当事人真诚地提供一种安全、真诚、共情理解的氛围，咨询师在这样的氛围中，鼓励和帮助当事人实现与内心真实自我的对话，实现当事人本身就具备的积极、向上发展、社会化的实现倾向，即成为真实的自我。成为真实自我的人，往往具备以下的这些特征：

第一，远离人格面具。

首先当事人显示出来的典型趋向是逐渐远离那个不真实的自我，尽管会有不少踌躇和鼓励。换句话说，即使在没有清楚地看到未来出路之前，当事人也会远离某种虚假的生存状态。开始时，这种状态可能被简单地表达为一种对自我暴露的恐惧，但是当事人不会回避这种恐惧，而将这种恐惧作为真实自我的一部分表达出来。

第二，远离"应该"。

另一种趋向显然是当事人正在远离"应该是"什么的这种强迫性的想象。许多个体如此强烈地受到他们父母的影响，并且从父母那里吸收了这样的一些观念："我应该是好样的"或者"我必须是好样的"。正是由于内心巨大的挣扎，他们发现自己正在远离这个预设的目标。一个年轻女性，描述了她与父亲之间令人不愉快的关系，说明最初她是多么需要父亲的关爱。"我重视我对父亲的情感，实际上我的确一直想要跟父亲有一个良好的关系，我多么地想让他关心我，然而我好像从来都没有得到我真正想要的。"她总是感觉到她必须要满足父亲所有的需求和期望，然后这些需求和期望"简直太多了"。"因为我满足了一个，就会有另一个接二连三地出现，我永远无法真正地满足它们。那是一种无休止的要求。"她感到她就像自己的母亲，对父亲百依百顺，试图满足他的所有要求。"而我真的不想成为那种人。我发现那不是成为我的真正自我的好办法，但是我想我有这样一种信念，就是如果你想被人重视、被人喜爱，你就不得不那样做。可是谁会关爱像我这样的可怜虫呢?"她接着说："至少我不想让那种会爱一个可怜虫的人来爱我。"

因此，尽管这些话并没有显露她可能正在成为的那个自我究竟是怎样的，但是她的反感而鄙视的声调和陈述，清楚地显示她正在远离那个"我必须善良而服从"的自我观念。让人感到惊奇的是，有许多的当事人发现，他们感到把自己视为糟糕的人是出于迫不得已，而且他们要远离的正是自己的这种观念，当事人在逐渐开始摒弃那种可耻而糟糕的自我意象。

第三，不再迎合他人的期望。

另外一些当事人发现自己正在远离文明期待他们所成为的目标。例如，我们可以在工业文明中看到的，社会上的各种组织期待人们成为某种类型的"机构人"，这给个人造成巨大的心理压力。个人似乎应该成为组织的一分子，应该使他的个性完全适应组织的需要，应该成为"适应良好"的人，以便能够与自己周围那些"适应良好"的人相处。

从一项对美国大学生价值观的研究中，人们有如下发现：高等教育对于大学生价值观主要的、总体的影响，就是要让大学生接受美国上流社会普遍接受的关于受过高等教育的男性和女性的价值标准以及态度体系。大学教育的影响是使当事人社会化、净化、雅致化，或"塑造"青年人的价值观以便使他能够顺利地进入美国上层社会。

罗杰斯发现，与这种为了服从而带来压力形成鲜明对照的是，如果当事人自由地实践他所期望的生存方式，他们往往会

066

憎恶并质疑社会组织、大学或者文化要把他们塑造成型的趋向，并逐渐远离社会对他们的期望。

第四，不再取悦他人。

罗杰斯发现许多当事人试图通过取悦他人来形成自我，但另一方面，如果他们得到了自由，他们就会远离这种取悦他人的目标。有一个职业男性在治疗后期是如此回顾他自己的经历：我终于觉得我真的有必要开始做我自己想做的事情，而不是做我认为应该做的事情，不管别人认为我应该做什么。我的整个生活彻底翻了个个儿。我一直感觉到我必须做一些事情，那是因为别人期望我这样做；更重要的是，我那样做是为了让人家喜欢我。见鬼去吧！我想，从现在开始，我就是我——不管是富有还是贫穷，好还是坏，理性还是非理性，合乎逻辑还是不合乎逻辑，名声好还是不好。所以，我再次深刻地体会到了莎士比亚的那句话"要做到对你自己真实"。

可以这么说，当事人用一种有几分消极的方式，在一种自由和安全的理解关系中，通过发现一些他们不希望改变的方向，确定了他们的生活目标，他们的人生目标。他们宁愿不去掩饰自己以及来自他们自身的情感，或来自一些重要他人的情感。他们不希望成为他们"应该"成为的样子，无论那些规则是由父母规定的，还是由文明规定的，无论它得到积极的阐释，还是得到消极的阐释。他们不希望把自己以及自己的行为塑造成一种可能纯粹是为了取悦他人的形式。换言之，他们不选择成为任何矫揉造作的东西，任何被强迫的东西，任何被他人从外面界定的东西。他们认识到，他们并不重视这样的目标或者目的，尽管在此之前他们已经按照这样的目标度过了他们的大部分生活。

第五，向着自我导向的转变。

当事人向着独立自主转变，他逐渐能够选择他要转向的目标，他变得对自己负责。他能够决定，什么样的行为表现和方式对自己有意义，什么样的没有意义。罗杰斯特别指出的是，在自我导向的过程中，当事人并不是无忧无虑或者充满信心地转变着。事实上，自由地成为真实的自我是一种令人恐惧的承担责任的自由。开始的时候，个体往往是谨慎而胆怯的、几乎没有信心地朝着这个目标转变。

同时，当事人也不是总能作出合理的选择。负责任的自我导向意味着个人要作出选择——然后从选择的后果中去学习。所以当事人会发现这是一种令人清醒但又令人兴奋的体验。一个当事人这么说："我感到害怕，感到很脆弱，失去了支撑，但我在内心也感到一种汹涌澎湃的力量或活力。"在当事人开始掌握他自己生活和行为的导向时，这是一种非常普遍的反应。

第六，向着生成的过程转变。

当事人似乎更开放地趋向于成为一个过程、一种流动性、一种变化。他们发现自己一天天日新月异，对此他们没有丝毫感到不安。对于一种特定经验或者特定的一个人，他们并不总是有着相同的感受，他们并不是始终如一的。他们处于不断的变动中，而且看起来更加满足于在这种流动的趋势中继续走下去。追求结束或者终止的驱动力似乎会减少，甚至消失。

有一个当事人说："当我在这儿再也不能预测我自己的行为时，事情肯定在变化着。它是某种以前我能做的事情，现在我不知道下一步我要做什么。我甚至惊奇我自己说过这些事情，每次我都能看到新的东西。这是一种冒险，真是那样——对未知的东西冒险。我现在开始享受这个乐趣，但对此我感觉到快乐，甚至是体验那些陈旧消极的东西也让我感觉到兴趣。"当事人开始把自己当作一个流动的过程来欣赏，起初是在治疗时间内，但以后他会发现在他的实际生活中亦是如此。罗杰斯再次引用了克尔凯郭尔对个人真实存在的描述："一个真实存在的个人不断处于形成的过程中，并把他所有的思想转化为过程的术语。对于他来说，情形就像是对于作家及其写作风格一样；因为个人没有任何完成的东西，个人只是一种风格；每次开始的时候，他都是'在语言的潮流中兴风作浪'，这样，最习以为常的表达可以经由一次次的新生，成为他全部的存在。"这段话极其优雅地捕捉到了当事人转化的倾向：他转变为一个实现潜能的生存过程，而不是成为某个固定的目标。

第七，转向生存的复杂性。

成为真实自我的当事人还涉及一种复杂的生成过程。罗杰斯描述了一个关于咨询师的例子来帮助说明这种状态。有一位当事人中心疗法咨询师，他本人曾经得益于心理治疗，曾经找到罗杰斯与其讨论他与一个非常难以相处的、心理失常的当事人的关系。让罗杰斯非常感兴趣的一点是，这位咨询师不希望过多地谈论那位当事人，而是主要想确定在治疗关系中他能够清楚地意识到自身情感的复杂性——他对当事人的热情，偶尔的挫败感和厌倦感，以及他对当事人幸福的共同关注。在一定程度上，他害怕当事人有可能成为一个精神病患者，他担心如果治疗效果不好，别人会怎么想。罗杰斯从中意识到，如果咨询师对治疗关系中他自己的复杂性、不断变化甚至互相矛盾的情感，他自身的总体态度能够做到完全开放和透明，那么，事情就会进展顺利。然而，如果他只是自己情感的一个狭小部分，在一定程度上甚至是人格面具或者自我防御，他就会发现治疗关系可能变得很糟糕。罗杰斯认为，在每时每刻成为自己的全部——全部的丰富性和复杂性，对自己毫无掩饰，在自己内心无所畏惧——这是那些在治疗中变化显著的当事人普遍的渴望。罗杰斯非常坦然地认为，这是一个难度很大而且在绝对意义上说是不太可能实现的目标。但是当事人一个最明显的变化趋势，就是在每一个意义重大的治疗瞬间，当事人能够转变为一个综合的复杂的自我变化过程。

第八，转向对经验的开放。

"成为真实的自我"还包括其他因素。也许一个不言而喻的要素就是个体开始转向一种对自身经验开放、友好、关系密切的生活。这种情况并不轻易就能出现。当事人意识到他自身一些新的经验、机会可能出现，但一开始他是拒绝这个转变的。直到他在一种接纳的氛围中体验到一种自己一直否认的经验时，他才能够尝试把它当作自身的一个部分来接受。当事人逐渐认识到经验是一种友好的资源，而不是一个可怕的敌人。在治疗中罗杰斯经常观察到当事人正在尝试着倾听自己，尝试着倾听他自己的生理反应所传达的信息和意义。他不再那么害怕他可能有的发现。他开始意识到自己内在的反应和体验，他的感官和五脏六腑的信息，都是十分友好的。他开始接近自己内在的信息资源，而不是避开这些资源。

这种对内心世界的高度开放，往往与类似的对外在现实的开放体验相联系。自我实现的人有一种惊人的能力，他们能够带着敬畏、愉悦、惊奇乃至心醉神迷的狂喜，神清气爽、天真烂漫地一次又一次地欣赏生活原初的善，尽管这些体验对别人来说则可能是陈旧乏味的东西。

第九，转向接纳他人。

一般来说，与这种对内在和外在经验的开放密切相关的，是一种对他人的开放和接纳。正如当事人转向能够接受自己的经验一样，他也转向接纳他人的经验。他珍视并欣赏自己以及他人的经验，只是因为经验本身的真实性。罗杰斯在此引用马斯洛的评价来描述自我实现者的特征："他不会因为水是湿的而抱怨水，也不会因为岩石是硬的而抱怨岩石，当孩童睁大自己的眼睛，不加批判的、天真无邪地瞭望外面的世界时，他只是聚精会神地观察情形的真相，而不去争论这种情形有什么实质，也不去要求它成为另外一种情形。自我实现者观看自己身上以及他人身上的天性时，亦是抱着这样的孩童心态。"罗杰斯观察到，这样一种对真实存在的接纳态度在当事人的身上会得到持续不断的发展。

第十，转向自我信任。

当事人的身上还能观察到一种模式，即他越来越信任并珍视他作为一个过程的自我。罗杰斯认为这种观察使他开始更好地理解那些富有创造力的人。例如，爱因斯坦，他似乎常常忘却一个事实，那就是好的物理学家不去像他那样思考问题，但是他没有因为物理学上不够充分的学术准备而退却，他只是朝向成为爱因斯坦，致力于思考他自己的问题，尽最大的努力真实而深刻地成为他自己。罗杰斯多次看到，当事人更加信任发生在自身的过程时，这些普通人在他们自己的领域内就变成了最重要而富有创造性的人，敢于感受他们自己的情感，敢于依靠在自我内部所发现的价值来生活，并以他们独特的方式表达自己。

罗杰斯通过上述方面逐一描述了成为真实自我的过程通常会具有的特征，从总体上看，罗杰斯如此简要地陈述这个总体的导向：当事人有意识地、接受性地向着成为本质上和实际上真实存在的过程转变。他逐渐远离那个虚假的存在样式，远离成为一个人格面具。他没有不安全感或装腔作势的防御性，在自己的真实存在之外无所增加。他没有内疚或者自我贬低感，在他的真实存在之外无所减少。他日益听从自己的生理存在和情感存在最深处的声音，并且发现自己带着更大的准确性和深度，越来越愿意成为他最真实的自我。如果当事人能够自由朝向任何一种可能的方向变化，那么，成为他的真实自我，似乎就是他最向往的生活道路。这不仅仅是一种理性的价值选择，而且似乎是对当事人通过探究、尝试不确定的行为来探索未来生存之道的最好描述。

第 5 章

更接近人的科学

一、从两个不同的立场看待心理咨询与治疗

在心理咨询与治疗专业领域，罗杰斯同时身处两个阵营：作为一位经验丰富、工作内容高度主观的心理治疗师，在令人激动的而且获益匪浅的心理治疗过程中不断获得并更新自己的经验；与此同时，罗杰斯作为一位经受严格科学训练、工作内容客观有序的科学研究者，致力于探索一些关于治疗的真理。罗杰斯体验到的是，当自己治疗师的角色做得越好的时候，在自己的功能处于最佳状态的时候，他就会更加确实地感受到自己的完全主观性；而当罗杰斯成为一个更好的研究者，更加讲究事实和科学时，他对自己作为科学家的严格的客观性，与自己作为一个治疗师的近乎神秘的主观性之间的隔阂，越来越感觉到一种不适。首先，罗杰斯从上述两个立场分别清晰阐述自己关于心理咨询与治疗的观点，然后罗杰斯尝试性地实现这两种立场的对话和整合。

立场一：作为心理治疗师——从经验的观点看待治疗的本质

作为临床心理治疗师，罗杰斯将自己投入到一个人际关系

中，并持有如下的信念：我对另外一个人内心世界的兴趣、信心、理解将导致一个有意义的人格生成过程。罗杰斯让自己进入关系的直接性中，他的整个有机体，不仅仅是意识，都感知到这个关系并为此定向。罗杰斯不是用有意识的、预先规划的或分析的方式作出回应，而只是以一种非反思的方式对另一个人做出反应。在这个过程中，罗杰斯的反应基于自己的整个有机体对另外一个人的敏感性，这是罗杰斯实现这个人际关系的基础。

罗杰斯认为心理治疗的某些最深刻部分的本质，在于经验的整体统一性。当事人能够自由地体验自己的感受，将感受作为一种"纯粹的文化"不折不扣地进行体验，没有理性的抑制或告诫，没有受到对矛盾情感的认知的束缚。在治疗关系中，罗杰斯本人也能够用同样的自由去体验自己对当事人的这种感受的理解，没有任何有意识的评价；至于这种感受将通向何处，罗杰斯不存有任何忧虑和担心；没有任何进行诊断或者分析的想法；一种彻底的对理解的"解放"以及没有任何认知或者情感上的障碍。一旦治疗关系中出现了上述这种体验的完全的整体性、合一性、完满性，罗杰斯借用马丁·布伯的话来说，治疗关系中就会出现一种真正的"我—你"关系，它是存在于个人和我之间的一种永恒的生命体验。这种现象具有高度的个人主观性，相对于将人（来访者或者我自己）看作客体的观点，它处于截然相反的另外一个极端。

罗杰斯常常会意识到这样一个事实：在认知方面，罗杰斯并不知道这种直接性的治疗关系将要导向何处。似乎自己和当事人一起，常常是心存疑惧地让自己掉进了无尽变化的溪流之中，这个溪流或过程卷带着他们一直向前。治疗师自己先前曾经在这条经验或生命的溪流中漂流，并且发现这种经历富于收获，因此他不再那么害怕跳入水中的冒险。而正是治疗师的这种信心才使得当事人也跟着治疗师一步步地共同去探险。这条溪流的经验时常仿佛引向某些目标。然而，更为真实的陈述可能是它富于收获的特征就在于这个变化过程本身，而且它最主要的回报，是使当事人和治疗师都能够在今后独立地投身变化的过程。

随着治疗的进展，当事人发现自己正在大胆地变成自己，虽然他确信，投身这种自我的变化会使所有可怕后果降临到他自己的身上。那么这个自我变化意味着什么呢？它似乎意味着对有机体的恐惧会减少，意味着当事人原本具有的非反思性的反应会更多，意味着当事人对感官或有机体层面上那些复杂的、各式各样的、丰富的感受和倾向会有逐渐增长的信任乃至热爱。意识，不再是一个看守者，监视着大量无法预测的危险冲动，且不允许它们见到亮光。意识变成多元社会中一个轻松自在的居民，与那些丰富的、各式各样的冲动、情感和想法和谐相处，不再使用恐怖或权威的统治，而是让那些情感冲动令人满意地自我管理。

这个自我变化的过程涉及一种对当事人自主选择的深刻体验。当事人意识到他可以选择继续隐藏在一个面具之后，也可以选择冒着风险让自己进入变化的过程；他是一个自由行动者，这个行动者本身具有的能量可以毁灭另一个人或者他自己，也可以促进自己和他人的成长。面对这个无可逃避的等待抉择的赤裸裸的真实，当事人会选择自我存在的变化之路。

但是自我存在之路并不能"解决问题"。它只是打开了一条新的生活道路，只是让当事人对他自己的情感有更深、更高、更宽广、更开阔的体验。他会感觉到更多的个人独特性，并因此感觉到更多的孤独，而且他变得更加真实，以至于他的人际关系去掉了所有矫揉造作的特点，变得更加深入、更加令人满意，并且把别人的真实更多地吸收到彼此的关系中来。

罗杰斯认为我们可以换一种方式来考察这个过程、这种关系，可以说它是当事人的一种学习，但这是一种类型奇特的学习。这种学习几乎永远不会显示出过高的复杂性，而且这种学习似乎永远不会特别地适合言词符号的表达。这种学习常常采用简单的形式作出表述："我是与众不同的"，"我的确感到很恨他"，"我害怕自己情感上的依赖性"，"我是自我中心的人"，"我能够按照自己的想法做人"，等等。尽管看上去简单，但是这些学习在某些新颖而很难定义的方式上具有极大的启发意义。

另一种理解这种学习的方式：罗杰斯认为这种学习是一种试图使情感世界中的意义与象征符号相匹配的延迟的尝试。类似的努力在认知领域早已得到了成功的实现。在理性认知领域，我们谨慎地选择特定的符号，与我们具有的经验意义相互配合。但是在情感领域，我们从来不曾学会意义准确地把象征符号附加于经验。当事人发现，自己必须从头学习关于感觉和情感的语言，为了学会一种正确的情感语言，他首先必须学会放弃自己已经固定形成的一套虚假语言。

罗杰斯这种学习是一种无法进行教学的学习，它的本质是自我发现。说到"知识"，人们习惯的思考方式倾向于认定，只要老师和学生都有足够的动机和能力，完全可以由一个人教给另外一个人。但是在治疗中发生的有意义的学习，是不可以进行教学的。在心理治疗中，传统意义的教育会毁灭学习。罗杰斯认为唯一能够教育当事人的是，投身于自我变化是安全的，自由地实现自己的情感并不特别危险，诸如此类。当事人对此学习得越多，他用有意义的、体证的、自我欣赏的方式进行的学习就越少。克尔凯郭尔把这后一种类型的学习看作真正的主体性，并提出了一个确凿无疑的命题：这种主体式的学习无法直接交流，甚至无法间接谈论。罗杰斯认为，为了促使当事人身上出现这种学习，治疗师能做的，最多只是为这种学习成为可能而创造某些条件，外部的强迫对它是完全无效的。

罗杰斯尝试着描述这种学习的一种方式是这样的：当事人逐渐学会把一种完整合一的状态，进行表征化的表达，对有机体在经验、感受、认知方面的状态以某种统合整一的方式作出描述。甚至可以说，这种象征不必要表达出来；这样一来情形就显得更加模糊，更加令人不能满意。通常的确会出现这样的表达，因为当事人希望向治疗师至少传达他自己的一部分，但这种表达可能是不必要的。唯一必不可少的方面，是一种内向的、完整的、合一的、直接的、当下的有机体状态的自觉意识。罗杰斯举例说道，治疗的本质在于，当事人充分地意识到，在当下的瞬间我自己的合一性（oneness）就是"我十分害怕自己可能会变成某种样式的人"。对此有了自觉意识的当事人，将会非常肯定地辨认出并意识到他的生存状态的具体样式。他还将可能更加充分地认出并意识到其他一些发生在他身上的生存性感受。因此，当事人变得倾向于自己更加真实的存在状态，他将会以更加完整合一的方式成为他的有机体实际所是的样子，罗杰斯认为这似乎就是心理治疗的本质。

立场二：作为科学研究者——从科学的观点看待治疗的本质

作为科学家的罗杰斯，对从科学的角度看待治疗的本质同样有着自己的观点。罗杰斯认为，用科学的逻辑和方法接近治疗的复杂现象，目标是努力达到对现象的理解。在科学中，理解意味着对于事件以及事件之间的功能关系的客观知识。科学还可以提供预测事件未来走向并对事件进行控制的可能性，但这不是科学研究的必然结果。假如在治疗领域可以完全地实现科学的目标，罗杰斯认为人们可以推知，治疗中某些因素与某些结果是相关联的。了解了这一点，人们就能够预测：治疗关系的一种特定情况会导致某个特定的结果（在某个概率范围之内），是因为它包含着某些有效的因素。那么，治疗师们就有可能通过对治疗关系中的因素进行操作而达到对治疗结果的控制。

但罗杰斯同时指出，似乎很清楚的一点是，不论科学研究多么深刻，人们永远不能借助它去发现任何绝对的真理，而只能对出现概率较高的种种关系作出描述。人们也永远不能发现任何关于人、关于关系或者宇宙的背后的真实，人们只能描述可观测事件之间的关系。如果科学在治疗领域也遵循在其他领域的科学路线，那么，（在理论创建的过程中）可能出现的关于真实性的工作模型将日益远离感知知觉的真实。对治疗和治疗关系的描述，将会变得日益不同于人们在实践中体验到的现象。

从一开始就很明显，心理治疗是一种复杂的现象，因此，对它的预测将会非常困难。然而"凡是存在的东西，都可以测量"，而且既然治疗被断定为一种有意义的关系，有着远远超过它本身的重大意义，那么为了发现人格以及人际关系的规律，克服这些困难的努力将会被证明是值得的。

因为当事人中心治疗中已经有了某种粗略的理论（尽管不是一种严格的科学意义上的理论），罗杰斯暂时提取出来了以下的三个假设：

假设一：治疗师对当事人的接纳引起当事人更多的自我接纳。

假设二：治疗师越是把当事人感知为一个人，而不是一个客体，那么当事人就越能够变得把自己感知为一个人，而不是一个客体。

假设三：在治疗过程中，会出现当事人的一种体验式的、有效的自我学习。

关于第一个假设，罗杰斯认为可以设计或选用某些对接纳这个概念进行测量的工具，比如说，态度测验、对象性测验或投射性测验、Q 分类或者类似的工具。或许同样的测量工具，可以在指示语或者心理定式的准备方面进行具有细微差别的处理，即可能用来测量治疗师对当事人的接纳程度，或者当事人对自我的接纳程度。在操作上，这种工具上的一个确定的分值表示治疗师的接纳程度。通过前测和后测的比较，可以显示治疗期间当事人的自我接纳是否有变化。通过把治疗组的变化程度与控制组进行比较，或者通过实验组的自我比较（控制期与治疗期的比较），可以测定人格变化与治疗过程的关系。通过这样的研究操作程序，最终能够得出结论，在治疗师的接纳和当事人的自我接纳之间是否存在一种操作定义的关系，以及二者之间的相关是多少。

罗杰斯认为，测量第二个和第三个假设有些困难，但是没有理由推想这两个假设不能得到客观的研究，因为研究人员在心理测试方面的精密性已经大大提高了。某些类型的态度测验或者 Q 分类可能是适于第二种假设的手段，用来测量治疗师对待当事人的态度，以及当事人对自我的态度。在这里，研究框架的连续谱会从一个外在客体的客观情况过渡到一种个人的和主观的体验。罗杰斯继续指出，既然内心体验式的学习很可能伴随着生理上可测量的变化，适于假设三的测量有可能是生理学上的相应指标。还有一种可能性，是从学习的有效性推断体验式学习的发生，因此可以测量不同领域内学习的有效性。罗杰斯认为，目前阶段，研究人员的研究方法对处理假设三存在着很多的困难，但在可以预见的将来，这些肯定也能够得到可操作的定义和实证的检验。

通过上面的叙述，罗杰斯描述了在治疗领域内科学所能提供的帮助。罗杰斯坦率地承认，在上述描述中没有涉及所有可能出现在研究结果中的限制和分歧，也忽略了参考可能突然出现的人格动力中的意想不到的线索。罗杰斯充满信心地认为，对于治疗中的事件和发生的变化，科学研究能够给我们一种越来越精确的描述。科学能够提出关于人类互动关系的若干尝试性规律。它能提供公共话语的、可以重复验证的陈述，这样研究人员如果知道某些可操作的定义条件存在于治疗师身上或存在于关系之中，那么就可以用任何一种既定的概率来预期当事人的某些行为。它大概能够像在知觉和学习的领域一样，在治疗和人格变化的领域也做到这样的工作。最终，理论上的系统表述应该把这些不同的领域整合到一起，阐明看起来可以控制人类行为变化的规律，不管是在知觉的领域、学习的领域，还是在包括知觉和学习的、更加综合的整体性变化的心理治疗领域。

二、两个不同立场之间的冲突和辩论

罗杰斯通过对同时兼具的两个角色如何解读心理治疗的本质观点的阐述，明确指出，如何看待心理治疗的基本层面，如何在这个领域开拓前进，上述两个立场是两种差异极大的方式，两种非常不同的取向。而且，在这两种方式之间好像没有什么共同的基础可以衔接。每一种都代表了一种严肃的治疗观；每一种似乎都通向富有意义的治疗的真实途径。当这些观点被不同的个体和团体认同时，就会构成尖锐的意见分歧的源泉。假如两种取向对一个人，比如罗杰斯本人，似乎都显得很真实，那么这个人就会因此感觉到一种内在的冲突。两种观点的冲突在表面上或许可以得到模糊的处理，甚至可以认为是互补的，但是在深处这两个不同立场冲突中的罗杰斯看来，在很多方面它们具有对抗性。罗杰斯分别从两个角度来说明这两个立场之间存在的冲突和对抗。

科学家的疑问

罗杰斯在此使用"科学观"和"体验观"两个词语分别来代表这两种观点，他提出的是科学观对体验观的质疑，严谨而硬心肠的科学家提出的问题有以下几个：

首先，科学家问道："你怎么知道你的解释，或以前或以后可能提出的任何一种解释是正确的？你如何知道它是否具有任何关于现实的关系？如果我们把这种内在的以及主观性的体验作为关于人际关系或者关于改变人格的途径的真理来信赖，那么，瑜伽功、基督教科学，或者说可以排除有害印象的带尼提疗法（dianetics），以及那些相信自己是耶稣基督的精神病人的幻觉，都可以是真实的了，就像你的这种解释一样真实。它们每一种都是某个人或者群体在内心所理解的真理。如果我们要避免出现这种多重的、互相冲突的真理的困境，日益接近最终的真理，我们就必须求助于我们所知道的唯一的方法，那就是科学的方法。"

其次，体证式的途径将会把我们关在科学进步的大门之外，使治疗师无法改进他的治疗技术，无法在治疗关系中找到令人满意的因素。我们知道，现有的解释不可能是完美无缺的，治疗关系中现有的经验也不可能处于最有效的水平，因此现有的解释就一定存在一些未知的瑕疵、缺陷、盲点。怎样发现它们并进行纠正？为了达到这一目标，体证式的途径所提供的不过是一个试误的过程，不仅作用缓慢，而且不能提供确实的保证。别人的批评或建议也没有什么太大的帮助，因为他人不能进入这种主观体验，因而对治疗关系本身没有权威性的发言权。但是，科学的方法以及现代逻辑实证的程序，对此可以提供很多解决方案。任何一种可以描述的经验都可以用操作性术语来描述，可以系统地表述假设并付诸检验，这样就可以区分真理和谬误。这似乎是知识进步、自我修证与成长的唯一确凿的途径。

科学家还有第三种议论。"在你们对治疗体验的描述中暗含的似乎是这样的想法，就是在它里面有着无法预测的因素——其中有着某种自发性或者自由意志在起作用。你似乎在说，当事人的行为，或者治疗师的行为，不是由什么外在原因引起，不是一连串因果关系中的一个链条。我不想显得像形而上学家，但我有一个疑问：这是不是就是不可知论？既然我们的确能够发现是什么引起大量的行为的原因——你自己也谈到创造某些条件然后就会有行为的结果发生，那么为什么要中断这种努力呢？为什么要放弃致力于揭示所有行为的原因呢？这并不是说我们必须把自己看作机器人，而是在说为了探求事实真相，我们不要给自己设置信念的障碍，认为知识的大门已经对我们关闭。"

最终，科学家无论如何都不明白，为什么心理治疗师、体验论者竟会挑战科学的工具和方法，要知道我们所看重的几乎所有的进步都是科学的结果。"在疾病治疗方面，在预防婴儿死亡方面，在大量的农作物种植方面，在食品保藏方面，在所有使生活更舒适的物品——从书籍到尼龙的生产制造方面，在对宇宙的理解方面，基石是什么？它就是科学的方法，适用于以上所说的每一方面，也适用于许多其他的问题。当然，科学也改进了战争的方式，既适用于人的建设性目的，也同样适用于人的破坏性目的，但即便在这个领域，科学的潜在社会实用价值也是很大的。所以，在社会科学领域，我们为什么要怀疑科学方法的价值呢？确实，在这个领域进步的速度比较缓慢，迄今还没有像地心引力定律一样得到证明的基本规律，但是我们会因为急躁而放弃这种追求吗？还有什么别的可能的选择能给我们提供同样的希望呢？如果我们一致认为，当前世界上的各种社会问题非常严重，而心理治疗为人类行为中最关键和最具意义的变化提供了有效途径，为了最迅速地探索关于个体行为和态度变化的规律的知识，那么，可以相当确定地说，我们的行动方案就必然是尽可能广泛地以最严格的标准将科学方法应用于心理治疗。"

体验论者的疑问

罗杰斯认为，对某些人来说，科学家提出的质疑似乎已经使问题得到了答案。但科学家的议论却远远不能让经历过治疗体验的治疗师满意。关于科学家提及的观点，体验论者也有自己的诘问。

第一，体验论者指出，"科学总是关涉他者，关涉客体。许多严谨的科学逻辑学者，包括心理学家斯蒂文斯都曾指明，科学总是指向某个可观察的对象、可观察的他者，这是科学的一个基本要素。即使科学家在自己身上进行实验，他也是把自己看作一个可以观察的个体。科学永远也不会指向体验之我。目前，科学的这种特性意味着，它必定与心理治疗这样的经验没有关系，对不对？因为治疗在本质上是极其个人的、高度主观的，完全依赖两个人的关系，而其中的每个人都是一个体验之我。科学当然可以研究已经发生的事情，但它总是以一种与正在发生的事情无关的方式进行研究。打一个比方说，科学可以对已经死去的一个治疗事件进行尸体解剖，但是由于它的本性使然，它永远也无法进入治疗活生生的机体运行过程。正是这个原因，治疗师们通常是以直觉的方式认识到治疗的任何进展，关于治疗的任何新颖的知识，关于治疗的任何有意义的新假设，必定是来自治疗师和当事人的体验，而永远不会来自科学。再使用一个类比，根据对星球运行轨道的科学测量，我们就能预测某些天体的存在。然后天文学家们去找寻这些假设的天体，并发现了它们。但是期望在心理治疗中也会出现这样的结果，是断然不可能的；因为科学对'我'在治疗内在的当事人体验根本无话可说。科学只能说'他者'之事"。

第二，因为科学将"他者""客体"作为自己的领地，这就意味着它所触及的每件事情都会被转化为一个客体。在物理科学中，这从来都不是一个问题。在生物科学中，它引发了某些难题。许多医学界人士对把人类机体看作一个客体这种日渐增长的趋势感到担忧，尽管科学自有其效能，但对病人来说却未必是件幸事。这些人士希望回到将人当作人对待的时代。然而，在社会科学领域，这个问题变得具有特别的严重性。这个问题就是社会科学家总是把人当作客体来研究。用这种方式来研究心理治疗，当事人和治疗师都会变成被解剖的客体，而不是与研究者一起进入活生生关系中的当事人。乍看起来，这似乎并不特别重要。我们或许会说，只有在扮演科学家的角色时，研究者才确实把他人看作客体。他也许可以从这个角色中脱离出来，再变成一个真正的人。但是如果我们更深一层地考察就会看到，这是一个很肤浅的回答。假如我们把自己投射到对于未来的设想之中，并断言今天的心理学所研究的问题我们差不多都有了答案，那又会怎样呢？那时，我们会发现自己日益被某种力量所驱使，会把他人乃至我们自己，都当作客体来看待。那时关于人类所有的人际关系的知识体系会变得庞大无比，以至于我们都会仅仅去追求这种知识，而忽略非反思的人际关系的生活本身。例如，我们看到有些知识广博的家长自认为懂得这样的道理，即爱的情感"对孩子有益"；而这种态度，无论是否具有爱的情感，背后的知识往往使他们难以自由地、非反思地做人，知识反而成为自我实现的绊脚石。因此，在心理治疗这样的领域中，科学的发展可能与治疗的经验没有任何实质的关联，甚至可能使个人在实际体验和实现人际关系时更为困难。

　　第三，体验者还有一种更深层的担忧。"如同上面所说的，科学把人转变成客体，它这时还会有另一种效果。科学最终的结果就是导致人为的操纵。这一点在天文学之类的领域中还不是大问题，但是在物理学和社会科学领域中，我们关于事件及其关系的知识可以导致对等式关系中某些因素的操纵。这在心理学中无疑是确实的，在心理治疗中也会是确实的。如果我们掌握了所有关于学习的规律性知识，那我们就可以用这种知识把人当作客体去操纵。我的这个陈述没有对人为操纵作价值评判。有的操纵可以是高度合乎伦理的。运用这种知识，我们甚至可以把我们自己当作客体来操纵。例如，了解到分散复习可以比集中学习能更好地促进外语学习，我可以用这种知识来操纵我学习西班牙语的时间分配。但是，知识就是力量。当我弄清楚了学习的规律后，我可以利用知识来操纵他人，比如说，通过广告、宣传，通过对他人反应的预测，通过对这些反应的控制等等来达到我的目的。社会科学的知识增长本身包含一种强大的社会控制的倾向，及大多数人被一小部分人控制的这样一种趋向。这并不是言过其实的夸张。另一个与社会控制同样有力的趋向，是对当事人的经验式存在的削弱和毁灭。如果所有的一切都被看作客体，那么，主观的个性，内在的自我，处于实现过程的当事人，非反思的存在意识，鲜活生命的内在整体，都会被削弱、贬值、毁坏。这一点也许可以通过两本书得到最好的例证。斯金纳的《沃尔登二世》是心理学家心中的一幅乐园风景图。如果不是有意地把它写成一个绝好的讽刺作品，斯金纳肯定是对这种景象心向往之。无论如何，它是一个人为操纵的人间乐园；住在那里的人们能够作为人而存在的机会荡然无存，只有决策委员会的几名成员例外。赫胥黎的《美丽新世界》明明是一篇讽刺作品，但是生动地描绘了人的个性丧失的图景，而这与他所看到的心理学和生物学知识的增长是联系在一起的。因此坦率地说，（就像现在我们所认定、所追求的）正在迅速发展的社会科学，似乎正在导致社会专制，导致人的个性丧失。在这方面，一个世纪前克尔凯郭尔洞察到的种种危险，不仅没有消失，而且随着知识的增长，现在显得更为真切。"

最后，体验论者说："我们的讨论最终指向一个事实：伦理学比科学更为基本。我并非对科学作为一种工具的价值一窍不通，我十分清楚它是一种非常有价值的工具。但是，除非它是具有伦理学原则的人们手中的工具，科学是否会成为一种操纵、主宰世界的神魔呢？长久以来我们已经意识到了这个问题。物理学花费了几个世纪，到现在终于认识到了伦理问题的极端重要性。在社会科学领域，伦理问题出现得更快一些，因为它涉及人的因素。而在心理治疗领域，这个问题显得最急迫，也最深刻。此处我们涉及的，是最大限度的主观性、内在性、个人性；是在生活中实际体现的关系，而不是一种被客观审查的关系；是身体力行实现自我的人，而不是一个客体；是作为感受、选择、相信、行动着的人，而不是一个自动的机器。我们在此处也是在追求科学最终的目标：对生命最主观的方面进行客观的探索；将所有那些被看作主观、个人、私密的经验还原为一系列假设，最后还原为一系列定理。因为在这里两个相互冲突的观点如此尖锐地聚集在一起，我们必须要作出选择，作出一个价值伦理的个人选择。我们或许可以作出一个能够同时保存这两种价值的选择——但是我们必须作出选择。而我现在呼吁，如果我们要放弃那些个人的、体验的、生活关系的、存在性变化的价值，放弃作为过程的个人自我、生存瞬间的个人自我、活生生的内在主体性自我的价值，我们应该深思熟虑，谨慎从事。"

通过对上述两个立场的不同观点的描述，罗杰斯展示了两种相反的看法。在当前的心理学思想中，它们有时是清楚表达的，更多的时候是隐含不显的。对上述两种不同立场之间的冲突，罗杰斯有如下的疑问：我们要到何处去？我们要选择什么样的途径？问题是否已经得到了正确的描述，或者说我们所提出的问题本身就是错误的？我们有什么样的知觉扭曲？如果从根本上它就像我描述的那样，那我们有必要二者选一吗？如果是那样的话，选哪一个？是否还有某种更广阔更包容的提案能够综合这两种观点，从而使双方都皆大欢喜呢？

三、更为人性的科学观

当罗杰斯分别明晰阐述了从上述两个不同角度看待心理咨询与治疗本质的观点，以及两个立场之间的冲突后，罗杰斯非常期待自己能够在某种程度上实现两个立场的沟通和对话。通过不断的深入思考、咨询实践以及研究结果，与学生、同事沟通讨论，罗杰斯慢慢找到了沟通两个立场的尝试性的途径。

首先，罗杰斯认为自己原有的阐述中对科学的描述存在根本性的错误。他认为，原来的主要缺点在于把科学看作"在外面"的某种东西，某种用大写字母"S"来表征的东西，一种存在于空间和时间当中的知识体系。和许多心理学家一样，罗杰斯曾经把科学想象为一种对尝试性验证了的知识的系统化和组织化，并且把科学方法论看作积聚这种知识体系并继续进行验证的社会公认的手段。它似乎是一个大水库，各式各样的人都可以用水桶取出一些水来——而且有99%的纯度保证。以这种外在的、非当事人的方式去看待科学，那么就自然不会把科学看作一种发现知识的崇高方式，反而认为它会导致个性的丧失、操纵的趋势、一种对我在治疗中经常体验到的基本的选择自由的否定，等等。罗杰斯认为可以从一个不同的、或许更加准确的视角来考察这种科学取向。

科学存在于人

科学只能存在于人，每一个科学的研究方案都有着它的创造性开端、探究过程以及尝试性结论，这些都存在于某个人或某些人。所有的知识，包括科学的知识都必然是人们主观认定可接受的东西。科学知识只能传达给那些在主观上能够接受这种传达的人。利用科学的人们也必然要追求对他们而言有意义的价值，否则利用的过程就不会发生。接下来罗杰斯从这个观点出发，完成对科学的几个不同阶段的描述。

科学的创造性阶段 科学的受孕期始于某一个正在追求某种目标、价值的特定的人，这种追求对他来说有着个人的主观意义。他感知到他感兴趣的科学领域，他所做的远远超出纯粹的"思考"——在已知和未知的两方面，他使自己的机体成为主角，并以此作出反应。关于自己的研究领域，他开始感知到更多的东西，觉得难以用语言来表达，并用自己的机体对于当下还不曾意识到的关系作出反应。

这种完全的主观投身性开启了一种创造的形成过程，一种方向感，一种迄今未被认识的、对于关系的模糊的观念。这种创造性的过程演变成了一个假设——一种对尝试性的、个人的、主观的信念的陈述。罗杰斯认为自己描述的科学过程的这个最初阶段，也许是最重要的阶段；但是在美国科学界，尤其是心理学界一直倾向于低估或完全忽略这个阶段。这个阶段不是完全被正面否认，而是被人们以最快的速度扫到垃圾堆里去了。斯宾塞曾经说过，科学的这个层面只不过被人们"看成是理所当然的"。就像许多别的理所当然的经验一样，它也容易被人们所忘记。全部科学，以及每个科学研究项目，都是在直接的个人主观经验中，才有了自己的起源。

科学的现实检验阶段　当科学家创造性地形成了他的假设，他的尝试性信念，接下来就应该进入现实检验阶段。我们每个人的经验都说明，我们很容易欺骗自己，我们会坚决地轻易地相信某种东西，直到后来的经历证明原来的是假的。我们怎样才能知道，我们的尝试性观念与观测到的事实是否有某种真正的关系？罗杰斯发现，用可操作性的定义来描述自己的假设，将会避免许多死胡同和错误的推论。于是，我们对于科学方法的真正功能就有了明确的认识：我与自己的经验材料之间有一种关系，由此形成了我的具有创造性的主观猜测，而科学方法正是一种防止我在这个创造过程中欺骗自己的程序。正是在这种背景中，或许只有在这种背景中，操作主义、逻辑实证主义、研究设计、显著性检验等等所构成的宏大框架，才会有自己的合理位置。它们的存在不是独立自主的，而是作为一个仆人而存在的；它们的主人是具有主观感受、猜测、假设的人，它们的作用是以客观事实来核实那个人的假设。

即使是在使用这种严格的、非个人的方法的全过程中，所有的重要选择还是由科学家在主观上作出的。在众多的假设中我要把时间用于哪一个呢？在一个特定的研究中，哪种控制组最适合于避免自我欺骗呢？我会将某种数据分析做到多细致呢？我对研究结果的信任程度有多少呢？这些问题中的每一个都必然是一种主观的个人判断，都在强调科学的宏观结构从根本上来说依赖于一群当事人对它的主观使用。科学方法是我们至今能够设计出来的最佳工具，其用途是帮助我们来核查我们人类机体对宇宙大千世界的主观感知。

科学研究的发现

作为科学家，如果我喜欢我从事研究的方式，我能向所有的证据保持开放的心态，我已经明智地选择和使用了我从别人那里吸取来的或者是我自己设计的所有防备自我欺骗的预防措施，那么我将尝试性地信任显现出来的研究结果。我将把它们看作进一步研究和探索的跳板。

在罗杰斯看来，科学最好的东西，主要是为研究者本人提供一种更加令人满意的、更加可靠的假设、信念、信仰。如果一个科学家致力于向别人证明某个东西——那我就会认为，他是在利用科学这个工具来为当事人的不安全感强作支撑，是在阻碍科学为人服务的真正创造性作用。

关于科学的研究发现，其主观的基础在下列情形中得到了很好的说明：科学家有时候会拒绝相信他自己的研究发现。"这个实验确实显示如此这般的结果，但我认为它是错误的。"这样的情形每一个科学家都会不时地体会到。由于一个科学家对自己或别人的研究发现表现出近乎固执的怀疑，最终可能导致真正有创造价值的发现。归根结底，与其相信科学的方法，他可能更加信任他全部的机体反应。毫无疑问，这可能会导致科学的新发现，也可能造成严重的失误，但是这种情形再次显示出在运用科学的过程中主观性所占据的主导地位。

科学的应用

不仅仅是科学的开端、过程，还有结论存在于人们的主观经验中，而且它的应用也是如此。"科学"本身永远不会使人失去个性，对当事人进行操控或者控制。恰恰只有人才能够实际去做这些事情。这意味着，在人格领域内对科学研究结果的利用，现在是，而且将来仍会是一个主观的个人选择的问题——科学家此处的选择与当事人在治疗中所作的选择属于同样的性质。所以实际上，没有什么危险的"科学"实体能够以任何方式影响我们人类的命运。具有危险的只是人们自己。简而言之，科学永远不会对我们造成威胁。只有人能够造成威胁。个体的确会因为手中掌握的科学知识的工具而具有极大的破坏性，但是这只是情形的一方面。我们已经具备了一些主观和客观的知识，知道有一些基本原则可以遵循，从而使人具备与其生命机体过程自然协调的建设性的社会性行为。

四、尝试性的对话和整合

罗杰斯认为，这样的一个思路能够帮助他实现一种崭新的整合，这种整合可以消除"体证论者"与"科学家"之间的冲突。罗杰斯认为这样一种整合不见得会被大多数人接受，但是他依旧高度认可这种整合的价值，并在此尽量明确地对此加以陈述。

科学，还有心理治疗，以及生活中的所有其他方面，都植根于一个人直接的、主观的经验之中，建立在这个基础之上。科学起源于内在的、完整的机体经验，这种经验只能得到部分不完美的传达。科学是主观经验的一个阶段。

罗杰斯认为正是因为自己发现了人际关系的价值和回报，他才能走进一种治疗的关系；在这种关系中，情感和认知汇合成一个整体的经验；经验是生活本身，而不应看作被检查的客观材料；经验的意识是非反思的；我是经验的参与者，而不是旁观者。但是由于我对宇宙和人际关系体现的美妙秩序感到好奇，我就可以从经验中抽身退步，而作为一个旁观者来观察它，从而使我自己或者他人成为观察对象。作为一个观察者，我会使用所有来自生活经验中的直觉。作为一个旁观者，为了避免自我欺骗，为了对存在的秩序获得一个更加精确的图景，我会使用所有科学的原则和标准。科学不是某种非人的东西，而仅仅是个人主观生活的另一个阶段而已。对于心理治疗（或其他任何问题）的一个更深刻的理解可以来自直接经验，或者来自根据科学规则所作的观察，或者来自个人内在的这两类经验之间的交流对话。关于自主选择的主观经验在治疗中具有首要的地位，在个人对科学方法的应用中也具有首要的地位。

那么，人们应该怎样应用通过科学方法获得的知识——要用它去理解、提高、丰富，还是用它去控制、操纵、毁坏，这是一个主观选择的问题，取决于人们所具有的个人意义的价值观。如果出于恐惧和自我防御，我把范围广大的经验排斥在我的意识之外——如果我只看见那些支持我目前信念的事实，而对所有其他的事实熟视无睹；如果我只能看见生活的客观方面，而不能洞察主观的方面；如果我用任何一种方式把我的知觉范围限制在很狭窄的领域，从而变得闭目塞听；那么，我就可能具有社会破坏性，不管我使用的是科学知识的工具，还是人际关系的情感力量或者权威影响，我都会造成威胁。反过来说，如果我向我的经验开放，并能够允许我的意识接近我的复杂机体的所有感受，那么，我就有可能实际地建设性地来使用我自己，使用我的主观经验，其中就包括我的科学知识。

因此，在两种原本被体验为相互冲突的取向之间，罗杰斯目前能够达到的整合程度就是这样。它并没有完全解决前面提出的全部问题，但是它似乎指明了一个解决冲突的要害。把主观的生存性的个人及其价值观作为治疗关系和科学关系的基础和根源，这样就改写了这个问题，重新看待了这个问题。科学，在它的起源之处，同样是一种人与人之间的"我—你"关系。而只有作为一个主观的个人，个体才能进入这样一种关系。

第6章

助益性人际关系及其应用

一、促进个人成长的条件假设

在过去的数十年中，罗杰斯一直不断面对各种各样的遇到困难、内心冲突、正在寻求帮助和期望他人帮助的人，他不断地面临如何有效地帮助这些当事人的挑战。在这个努力的过程中，罗杰斯使用到了自己专业知识中的每个因素：严谨的人格测量方法、弗洛伊德精神分析的洞察力和方法、精神病学社会工作以及其他诸多的各种资源。罗杰斯认为，正是通过持续不断地从自己以及咨询中心同事的经验中学习，自己才最终找到了帮助经历痛苦的人们的有效方法。罗杰斯逐渐养成的这种工作方式来自经验，并通过更深一层的体验和研究得到了检验、提炼和改造。

一个普遍的假设

经由多年的实际工作，罗杰斯日益深入地认识到自己学到的所有东西，都要运用于自己的各种人际关系，并不只是用来处理当事人的个人问题。出于这个原因，罗杰斯感觉到，既然我们所有的人都处于某些人际关系当中，那么完全有可能的是，在他的经验中对其有意义的知识，也可能对其他人同样有益。

罗杰斯从一个负面的体会着手来说明自己的观点。罗杰斯日益体会到如果借助于某种理智的程序或训练的程序，那么他对遇到麻烦的当事人是不会有任何帮助的。不可能依赖某种方法、某种知识、某种训练或接受某种教学而达到实际有效的帮助。这些方法是如此诱人，而且直截了当，以至于在过去罗杰斯曾经尝试过无数次。罗杰斯向当事人作出各种解释，给他列出今后的行动步骤，教给他更令人满意的生活方式的知识。但是，在罗杰斯的经验中，所有这些方法都是徒劳无益的。它们至多达到的是一些临时性的变化，这些变化不久就会消失，而留给个体的将是较之以前更多的挫败感。

所有上述理性方法的失败，迫使罗杰斯不得不承认，人的变化看来是通过人际关系的经验发生的。因此，罗杰斯提出了以下这个关于助益性人际关系变化的基本假设，即如果我能够提供某种类型的人际关系，那么对方就会在他自己身上发现运用这种关系来促进成长的能力，同时也会产生个人的变化和发展。罗杰斯认为这个假设似乎在实践经验和研究中都得到了越来越多的证实。

助益性的人际关系

罗杰斯将上述假设分为三个主要的短句，逐一进行说明。

首先是，我所提供的是一种什么类型的人际关系？罗杰斯认为，在人际关系中他如果越能够真诚透明，就越有帮助作用。这意味着，在可能的程度内他需要意识到自己的感受，而不是表面呈现一种态度，但实际上在深层或无意识中却持有另一种态度。真诚透明也包括用自己的话和自己的行为表达存在于内心的各种各样的感受和态度。只有用这种方式，关系才会具有真实性，真实作为一个首要条件是非常重要的。

作为第二个条件，罗杰斯发现如果自己越是接纳和欣赏当事人，就越有可能创造一种当事人可以利用的关系。这里所说的接纳，就是一种对于当事人的热情关注，无条件地认为他是一个具有自我价值的人——不论他的状态、他的行为或他的感受是什么样子的。这意味着将当事人作为独立的人尊重和欣赏，意味着愿意看到当事人用自己的方式拥有自己的感受。这意味着对当事人的态度的接纳和尊重，无论他的态度是消极的还是积极的，无论他过去所持的态度与别人是多么的抵触。这种对当事人经验变化的方方面面的接纳，会形成一种人际关系，使他得到温暖和安全；而作为当事人，受到他人喜爱和珍视的这种安全感在助益性人际关系当中是一个极其重要的因素。

罗杰斯发现，自己总是不断地渴望去理解当事人当下的感受，理解他的各种情感和表达的个人意义，即达到一种敏感的共情。在这方面，治疗关系具有关键性意义。并不是说仅仅有接纳就够了；需要有理解，接纳才会有作用。只有当治疗师理解了当事人觉得是那么可怕、那么脆弱、那么伤感或那么荒诞的情感和想法——只有治疗师我看到这些情感和想法如同当事人所见，并且接受这些情感、想法，接受当事人——只有这时你当事人才会真正感到能够自由地去探索内心所有的隐秘的角落，探索令人恐惧的缝隙，探索通常被深埋于地下的经验。自由是良好关系的一个重要条件。这里的自由是指个人在意识和无意识层面上探索自身，敢于从事这种危险的冒险、追问和探究。这是摆脱了任何类型的道德判断或疾病诊断式的评价（罗杰斯认为所有这样的评价和诊断总是具有威胁性的）而得到的一种完全的自由。

总的来说，罗杰斯认为助益性关系的特征是真诚透明，在这种关系中互动双方的真实感受可以得到透明的表现；是接纳，即把对方作为具有不可替代的内在价值的、独一无二的独特当事人来接纳；是深入的共情理解，这种共情理解能使治疗师透过当事人的眼睛看到他的私人世界。达到了这些条件后，治疗师就成了当事人的同行者，陪伴当事人在曾经令他害怕、现在能够自我承担的自我探求之路上一道前行。

在实际工作中，罗杰斯与他人并非总能达到这种关系，有时，甚至当罗杰斯感到自己在这些方面达到了，而当事人有可能因为过于恐惧而不能感受到他所提供的东西。但是，罗杰斯依旧坚持认为，当自己内心持有的已描述过的这种态度而另外一个人在某种程度上又能够体验到这种态度时，那么他相信，建设性的个人发展和变化将会在当事人身上合乎规律地出现。

追求变化的动机

在罗杰斯的总体假设中，第二个句子的意思是说当事人将会在他自身中发现为了成长而使用这种关系的能力。罗杰斯从自己的经验中看到，在个体自身中具有走向成熟的能力和倾向，如果这种能力和倾向是不明显的，至少它也是潜在的。在一种适当的心理氛围中，这种倾向会释放出米，变成实际的而不再是潜在的东西。事实说明，个体有一种先天的能力来理解他生活中和他自身引起痛苦和失意的方方面面经验。这样一种理解会探查那些由于具有威胁性而使他对自己遮蔽起来的、深藏于自我意识之下的经验。这种能力表现为一种倾向，即当事人能够用更加成熟的方式重新组织他的人格，组织自我与生活的关系。不管我们说它是一种成长的倾向，一种趋向自我实现的驱动力，还是前进的趋向，它都是当事人生活的主要推动力，并且归根结底，它是所有心理治疗必须依赖的倾向。在所有有机体和人类生活中，显然它是一种迫切的要求——扩展、延伸、自主、发展、成熟——表现并激活有机体的所有能力、增强有机体或者自我力量的倾向。这种倾向可能深埋在心理防御的一层又一层的硬壳之下；它可能隐藏在精致的面具之后，这种面具是对自我实现倾向的否定和拒绝；但是，罗杰斯相信它存在于每个个体之中，并且只有在适当的条件下才会得到释放和表现。

结果

在尝试描述了对于建设性人格改变来说最重要的关系，以及当事人进入人际关系时所带有的那种先天能力后，罗杰斯总体陈述的第三层意思，人格改变和当事人变化就会出现了。罗杰斯假设，在这样一种关系中，个体将会在意识的以及更深的人格层面上，用一种更具建设性的更为理智的应对生活的风格以及一种更社会化的、令人满意的方式来重新组织他的自我。

体验了在这样一种关系的当事人，能够在人格、态度以及行为方面出现深刻的、有意义的变化。在这样一种关系中，当事人变得更加整合、更加效能。他很少显示通常被称为神经症或精神病的特征，而更多地显示出健康、功能良好的个人特征。他改变了自身的观念，他对自我的看法变得更加的现实，他变得更加接近自己的理想人格。他给予自己更高的评价。他更为自信，也能更好地自我引导。他对自己有了较好的理解，他变得对自己的经验更加开放，较少地拒绝或压抑他的体验。在他的态度中，他变得更加接纳并欣赏自己，而且能够像接纳自己一样更多地接纳和欣赏他人。

当事人的行为同样发生了改变，他不再屡屡因为压力而感到挫败，并且能够更快地从压力中恢复过来。周围的朋友观察到，他每天每时的行为变得更加成熟。他较少防御，有更好的适应性，能够创造性地应付各种复杂情况。

这些变化发生在完成咨询访谈的当事人身上，咨询访谈中的心理氛围接近罗杰斯所描述的人际关系。罗杰斯认为自己的陈述是建立在客观根据的基础上的，虽然还有更多的研究工作需要去做，但是关于这样一种引起人格改变的关系的有效性，不会再有任何疑问。

关于人类关系的一个更广泛的假设

罗杰斯认为这些发现证实了一个更加广泛的关于人类关系的假设，即心理治疗关系只是人际关系的一个特例，并且同样的规律制约着所有的人际关系。因此，似乎有理由假定，如果父母与孩子之间创造了一种像我们描述过的那种心理氛围，那么这个孩子将变得更能自我导向，更为社会化，更加成熟。就教师而言，如果他在班上创造这样一种关系，学生就会成为自发的学习者，更有独创性，更加自律，较少焦虑，较少需要他人的指导。如果管理者、军队或工业组织的领导人，能在自己的组织内创造这样一种氛围，那么职员就会变得更加有自我责任感，更有创造性，能更好地适应新的难题，有更好的根本合作性。罗杰斯认为一个人类关系的新领域正在形成，可以确定的是，在这个领域中如果存在某些态度性条件，就会产生明确可辨的变化。

二、助益性关系的特点

罗杰斯在心理治疗方面的兴趣引起了他对各种助益性关系的兴趣。罗杰斯使用助益性这个术语所指的是，在这样一种关系中至少有一方有明确的意向，促进对方的成长、发展、成熟、机能改善和提高生活适应能力。在这个意义上，另一方可能是一个个体或一个团体。换句话说，助益性关系可以这样定义：某个参与者意欲使另一方或者双方发生某种变化，使个体的潜力更多地得到欣赏，更多地得到表达，更多地得到发挥。

罗杰斯认为这个定义覆盖了一个宽广的范围，包括了所有通常用来促进成长的关系，比如亲子关系，而且通常也可以涵盖教师与学生的关系，虽然有些教师并不认为自己的工作是为了促进学生的成长。它几乎也包含了所有的咨询关系，不论是教育咨询、职业咨询还是个人咨询。在个人咨询这个领域内，它涵盖的范围也很宽泛，包括心理治疗师与前来就医的精神病患者之间的关系，咨询师与感到困惑的或神经质的个体之间的关系，还有咨询师与越来越多的所谓"正常人"之间的关系，这些人来做咨询是为了改进自己的机能或者促进个人的成长。

以上提及的是一对一的关系，罗杰斯认为人们也应该考虑到大量的个人与团体的互动之中的助益性关系。罗杰斯认为，我们与他人加入其中的大量的人际关系，都是为了促进发展、成熟以及充分发挥机能的一类人际互动。

那么这种确实对人有所帮助的、确实能促进个人成长的关系有什么特点呢？相反的，即使有一方十分真诚地想要促进对方的成长和发展，却可能实际上毫无帮助，那我们又该如何去识别这些无效关系的特征呢？罗杰斯提出了这个很关键的问题，并通过展示自己对这个问题的思考和探索之路作出一个尝试性的回答。

罗杰斯从实证研究入手，查找是否有明确的研究可以就上述问题给予我们客观的答案。目前的研究现状是，在这个领域的研究为数不多，但是有关的一些研究却富于激励性和启发性。罗杰斯对这些研究作了一个广泛的取样，并简要地陈述了一些重要发现，用以尝试性地回答上述问题，并激发进一步的深入思考。

引用关于态度的研究

大多数研究发现，助人者的态度在助益性关系中作用重大，它可以使一种关系促进成长，也可以使一种关系抑制成长。

罗杰斯首先引用了由鲍德文等人在菲尔斯研究所对亲子关系所作的细致研究中提供的一些有趣证据。在各种各样父母对待孩子的态度中，"接纳—民主型"似乎最有利于促进成长。如果父母的态度是温和而平等的，孩子在智力上就显出加速发展，智商更高、更有独创性、更有安全感和自控力，比起其他类型家庭的孩子，他们较少有冲动性。尽管开始的时候发展似乎会慢一点，但是等到上学的年龄，他们就会成为受欢迎的、友好的和非攻击型的小小领袖人物。

如果父母的态度是拒绝型的，儿童智力的发展显示出一种轻微的减速，运用已有能力相对较差，缺少独创性。他们情绪不稳定、逆反、攻击性强、爱吵架。有着其他态度的父母，他们的孩子在各方面趋于这两个极端之间。

罗杰斯认为当提及儿童发展时，这些研究结果不会让我们感到惊讶，这些研究结果或许还应该能应用于其他的人际关系。比如说，有些心理咨询师、医生、管理者，他们有着情感丰富、善于表达、尊重自己和他人的个性，能够很好地共情理解，能够像这些父母一样，有能力促进他人的自我实现。

接下来罗杰斯选用了一个关于临床精神科医生治疗效果的研究，这个项目调查的是在精神病房内与精神分裂症病人打交道的年轻医生取得成功的程度。在这个研究中，研究人员挑选了七位对病人有明显帮助作用的医生，还有病人没有显现出很大改变的医生。每一组医生大概都已经治疗了五十个病人。为了找出 A 组（病人有明显改变）在哪些方面与 B 组（病人没有明显改变）有所差别，研究者仔细查看了所有得到的证据，从而得出了显著的不同。A 组的医生倾向于根据各种行为对病人所含有的意义来对待精神分裂症，而不是把病人看作一段病例的记录或一种描述性的诊断。他们也趋向于把自己的治疗目标定位在病人的个人改变上，而不是诸如减少症状或治愈疾病这样的目标上。研究发现，具有帮助能力的医生在他们每日的交往中，主要利用了积极的个人参与———一种人与人之间的关系。他们较少使用各种被认为"放任自流"的方式。他们也较少给予解释、指导或者建议，较少强调对病人的实际照顾。最根本的是，A 组比 B 组更有可能跟病人建立一种充满信赖的关系。

本项目研究者非常慎重地强调这些发现只与精神分裂症的治疗有关，但罗杰斯认为，在几乎任何种类的助益性关系的研究中都会发现与这个研究相似的事实，即导致区别的最根本原因在于是否与互动对象建立起了一种充满信赖的良好的互动关系，从而有助于帮助对方实现成长。

还有一项有趣的研究把焦点放在被帮助的人对这种助益性关系的看法上。海涅研究了分别到精神分析治疗、当事人中心疗法和阿德勒疗法三个学派的治疗师这里寻求心理帮助的个体。在这三种类型的治疗中，当事人报告在他们身上发生了类似的变化。但是这个研究的兴趣点是，这些当事人对治疗关系的理解。当被问到如何说明已经发生的变化时，当事人提出了不同的说法，明显反映出治疗师取向的影响。但是当事人认为对他们有帮助的主要因素是一致的，这一点就是罗杰斯决定引用这个研究的主要原因。当事人指出，可以解释他们身上发生变化的态度因素有：对治疗师的信任；得到治疗师的理解；能够独立作出个人的选择和决定。当事人认为治疗师最具有助益性的做法是澄清并诚恳坦率地说出当事人朦胧而模糊的感受。

那么在治疗关系中，哪些因素是没有帮助作用的呢？无论对哪种取向的治疗师，当事人的看法高度的一致。治疗师的态度，比如说，缺乏对人的兴趣、表现出疏远或距离感以及过度的同情，都被看作无益的。关于治疗的方式方法，这些当事人认为，治疗师对他们的个人决策给予具体的建议，或者过分强调过去经历而不是眼前的问题，都是毫无益处的。他们还认为，治疗师温和适度的原则性指导意见，可以说是处于某种中间状态，既没有明显的助益，也没有什么很大的害处。

费德勒在一项被人反复引用的研究中发现，有着不同取向然而经验丰富的治疗专家都与他们的当事人形成了相类似的关系。形成这种助益性关系的因素恰恰能够将专家和非专家区分开来。这些因素主要是能够理解当事人的意思和感受；敏于感受当事人的心态；不导致过多感情卷入的热情和兴趣。

奎因的研究揭示了在理解当事人的意义和感受时究竟是什么因素在起作用。令人惊讶的是，他的研究显示，对当事人的意思的"理解"从本质上是一种渴望去理解他们的态度。奎因只是呈现了治疗师在会谈中的话语录音，研究的评价者在作出判断时并不知道治疗师是在对什么作出回应，也不知道当事人又是如何回应。但是这样研究却发现，仅仅根据这些片断的材料，就可以很好地判断治疗师的理解程度，就像聆听完整的对话记录一样准确。罗杰斯认为这似乎是一项明确的证据，表明渴望理解对方的态度是一个真正有效的治疗因素。

在上述引用的这些研究中，罗杰斯认为可以归纳出一个事实便是，真正重要的是治疗师的态度和情感，而不是他的理论取向。治疗师的方法和技巧并不比他的态度更重要。还有一点值得注意的是，对治疗师的态度和情感的看法对当事人的影响重大，当事人的感受才是关键所在。从上述这些研究中，罗杰斯非常明晰地提出助益性关系的特征确实不同于非助益性关系，这些区分性的特征一方面主要涉及帮助者的态度，另外一方面涉及"被帮助者"对关系的感受。迄今为止所做的实证性研究，对于什么是助益性关系，以及这种关系是如何形成的，还处在不断探索的阶段，没有能够为我们提供客观的可验证的答案。

三、如何创造一种助益性人际关系

罗杰斯经过对相关实证研究以及自己临床经验的思考，对如何创造出一种助益性人际关系的问题作出了尝试性的回答。

首先，在某种深层的意义上说，咨询师是否能以某种方式成为在他人看来是真诚可靠、可以信任、始终如一的一个人？研究结果和罗杰斯的个人经验都表明这个问题非常重要，而且罗杰斯深信多年来他已经发现了回答这个问题的更深刻和更优异的方式。过去罗杰斯曾经考虑自己是否具备做一个值得信赖的人的外在条件，比如，守约、尊重会谈的保密性等等，而且在会谈中只要咨询师的行为始终如一，那么这个条件就会得到满足。但是实际的治疗经验最终揭示了这样的一个事实：如果事实上咨询师对当事人心生厌倦或者满腹怀疑，或者正体会到其他一些非接纳性的感受，而咨询师同时又表现得似乎是始终如一地接纳他，那么咨询师最终必然会被当事人看作是个心口不一、难以信赖的人。罗杰斯认为，要做到值得信赖，这并非要求咨询师应该严格地前后一致，而是必须做到可靠地真实。罗杰斯一直使用"透明"这个词来描述他所希望的做人方式，罗杰斯的意思是，不论自己正在体验的情感或者态度是什么，自己的意识态度都应该与之相匹配。罗杰斯认为，如果真正做到了这一点，在那个时刻自己就能成为一个统一、完整的人，而且可以深刻地实现真正的自我，这样一种现实会被别人体验为值得信任的。

接下来是一个密切相关的问题：咨询师能否将自己真实存在的信息准确无误地传达给他人？罗杰斯认为自己在形成助益性关系上的大多数失败，都是因为对上述问题的不能令人满意的回答。罗杰斯意识到，当自己感觉到厌烦而自己又没有意识到这一点时，他传递给对方的内容就会包含相互矛盾的信息。通常情况是，自己的话传递了一种信息，但同时自己又会用某种微妙的方式传达厌烦的情绪，这就会使对方感到疑惑，并使他对自己无法信任，尽管对方也没有意识到是什么原因造成了这个困境。作为一名家长、一个治疗师、一名教师或者一个管理者，如果因为防御自己的真实情感而不能真正倾听自己内在的声音，就会经常陷入这种失败的困境。因此罗杰斯认为，对于任何一个希望建立助益性关系的人，最基本的知识就是，真诚透明是安全的。罗杰斯认为在一个特定的关系中，如果他能大致做到真诚透明，在关系中重要的真实情感对双方都没有任何隐藏，那么就几乎可以断言，双方会建成一种助益性的关系。在此，罗杰斯提出了一种可能令大家奇怪的说法：如果我能够与我自己形成助益性关系，使我能够敏锐地觉察并接纳自己的情感，那么我就十分可能与他人形成助益性关系。从这个意义上说，接纳真实的自我，并能够向别人展示这个透明的自我，是非常艰难的任务，而且罗杰斯认为这是永远不可能全部完成的任务。但是，罗杰斯认为这个任务可以让他从纠缠不清的人际关系中发现问题出在哪里，使他能够把关系拉回建设性的轨道上来。这个任务的启示性意义在于：如果咨询师想促进与自己相关的他人的成长，自己本身就必须不断成长；成长的确常常会令人痛苦，但是成长令人变得丰富和充实。

第三个问题：我是否能够体验一种对他人的积极态度，比如说，热情、关怀、喜欢、欣赏、尊重？这不是一件容易的事情。罗杰斯发现，在自己的内心，同时也感受到在别人的内心，都有对这类积极态度的恐惧心理。人们常常担心，如果让自己自由地去体会对另一个人的积极情感，我们也许就会陷入别人的圈套。这类情感可能会对我们提出很高的要求，我们可能会因为信任他人而大失所望，这些后果会使我们心存恐惧。所以，我们倾向于和他人保持距离——逃避于一种事不关己的疏离感，一种"职业化"的态度，一种非个人性的关系。罗杰斯强烈地感到，每个领域都得到了职业化的发展，一个重要的原因就是职业化有助于人们保持这样一种距离。在临床领域中，我们建立复杂而详尽的诊断程序，把当事人当作客体来对待。在教育和管理等领域，我们形成了各种各样的评估程序，这样一来，同样把当事人当成客体。罗杰斯认为，运用这些方式，能够使我们避免人与人的关系所要求的真切的关系的体验。所以，在人际关系中，至少在某个阶段或时期，假如我们能够学会不带防御面具地关心他人，积极投入情感而感到安全地与他人真正建立当事人化的联系，那的确就是一种了不起的成就。

罗杰斯从自己的亲身经历认识到的另一个重要问题是，作为个人，我是否能够做到足够坚强而可以独立于他人？我是否持之以恒地尊重自己和他人的情感需要？如果有必要，我是否能够主动承认并表达自己的感情，而且清楚地区分我自己的感情和他人的感情？我是否能够做到足够独立自主，不会因为他人的抑郁而气馁，不会因为他人的恐惧而害怕，也不会因为他人对我的依赖而感觉有灭顶之灾？我的内在自我是否足够坚强，从而不会被他人的愤怒所摧毁，不会被他人的依赖所控制，亦不会被他人的爱恋所束缚，而能自觉体验个人独立于他人存在，具有属于自己的情感和权利？只有我能够自由自觉地感受个人独立自主的力量之时，我才会发现我自己有能力更深刻地理解和接纳他人,因为这时我已经不再担心会失去自我。

与此密切相关的下一个问题:在我自己的内心深处,我是否足够安全,从而允许他人独立于我而存在?我是否能允许他人成为他的真正自我?无论他诚实或者奸诈,幼稚或者成熟,悲观绝望或者傲慢自大,我都能够给他生存的自由吗?也许,我觉得他应该听从我的建议,保持对我的依赖状态,或照我的样子塑造他自己?在这里罗杰斯提及了一个有趣的小型研究。这个研究发现,自我调节能力较差、不太胜任的咨询师往往会诱导当事人与他保持一致,而他的当事人也倾向于模仿他的样子来行事。作为明显的对照,自我调节能力较好而且能力优异的咨询师能够耐心地与当事人通过多次会晤进行互动,而不去干涉当事人发展独立自主的人格的自由。

罗杰斯还经常问自己这样一个问题:我是否能够让自己完全进入他人的情感和个人意义的世界,而且做到设身处地、见其所见?我是否能够完全进入他人的私人世界,而丝毫都不想进行评价和判断?我是否能够做到十分敏感,在他的世界里行动自如,而不会践踏在他看来非常珍贵的意义?我是否能够准确地意识并捕捉他的经验意义,不仅是当事人已经明白意识到的,还有那些隐含不显、朦胧隐晦甚至是混乱无序的经验的意义?我是否能够无限制地扩展我理解的范围?罗杰斯通常发现,在当事人的治疗关系中获得这样一种理解,并且把它传递给当事人,比起在一个班的学生或者工作中的同事的关系中实现这种沟通,要容易一些。我们总是情不自禁地要"纠正"学生的"毛病",或者指出工作人员想法的错误。但是当罗杰斯发现在这类情境中努力理解他人时,双方都会受益并得到成长。在治疗中,罗杰斯常常有这样的深刻印象:哪怕是一星半点儿的共情理解——捕捉含混的个人意义的努力,一点也不高明甚至笨拙的尝试,也会对当事人有所帮助。当然,毫无疑问，如果治疗师能够清晰地阐发当事人经验中含糊不清的意义，那么当事人获得的帮助就会更加明显。

还有一个问题：治疗师是否能接纳他人呈现给治疗师的方方面面？治疗师是否能够真切地感受他的自治疗师？治疗师是否能够传达这种真切感受的态度？也许，治疗师只能有条件地感受当事人，接纳他的情感的一部分，而暗中或者公开地拒绝他的情感的另一部分？经验已经告诉罗杰斯，如果治疗师的态度是有条件的，凡是治疗师不能充分接受的经验领域，当事人就不能有所变化和成长。此时，通常是事后反思，有时已经时过境迁——罗杰斯努力想要弄明白，自己为什么不能在各方面接纳他。罗杰斯通常会发现，原因在于自己被他的某些情感吓倒了，因为某些威胁而感到恐惧。如果治疗师要更好地帮助别人，那么治疗师自己就必须不断地成长，必须学会在这些经验领域接纳自己。

下一个问题会引出一个非常实际的论题：在关系中治疗师是否能够足够敏感，从而使对方不把治疗师的行为当成是一种威胁？在研究心理治疗所伴随的生理表现时，在生理层面个体是多么容易受到威胁。当治疗师用一些仅比当事人的情感稍微强一些的词语作回应时，当事人的皮肤导电性就呈现出一种明显的下降。治疗师想要尽量避免哪怕是一丁点儿的威胁，并非是因为当事人过于敏感，而是基于治疗师的经验中形成的这样的一个信念：如果治疗师能够完全使他免于外部的威胁，那么他就能够开始体验并处理他自己具有威胁性的内心情感和冲突。

上述问题的一个含义又具有特殊的重要性：治疗师是否能够使他完全避免外在评价的威胁？几乎在治疗师们生活的每一种状态中——无论是家庭、学校还是工作，治疗师们都发现自己处于外在评价的奖励或惩罚的压力之中。这种外部评价一直伴随治疗师们从幼年走向老年，成为治疗师们生活的组成部分。罗杰斯认为，对于学校、专门行业之类的机构和组织来说，这种评判具有某些社会作用。像每个当事人一样，罗杰斯发现自己就经常作出这种评价。但是，根据自己的经验，外部评判无法促进个人的成长，因此，罗杰斯认为它们不是助益性关系的要素。令人惊奇的是，从长远观点来看，一个积极的评价与一个消极的评价一样，都具有威胁性。你告诉一个人他是好样的，同时也就暗示着你也有权力评判他是糟糕的。所以，罗杰斯现在明确地认识到，如果治疗师能够使人际关系尽量远离判断和评价，就越能使当事人达到一种境界，即了解到评价的焦点和责任的核心都在于他自己。归根结底，当事人经验的意义和价值最终要由他自己来负起责任，无论多少外在的评价都不能改变这一点。所以罗杰斯愿意致力于发展一种非评价的关系：不评价对方，即使在治疗师自己的情感中，也不作评价。罗杰斯相信，这样可以使当事人获得自由，去成为一个自治疗师负责人。

最后一个问题：治疗师能够真正与他人平等对话吗？——他正好处在成为一个人的过程中，而治疗师也可能束缚于他的过去或者治疗师的过去，正在"对话"的究竟是哪两个人？假如在治疗师和他的对话中，治疗师把他当成一个没有长大的孩子，一个无知的学生，一个具有神经质人格的人或者一个精神变态者来对待，那么在两个人的关系中，治疗师的这些概念中的每一个都会限制他成为可能的那个人。

在上述分析基础上，罗杰斯提出了一个假设，即最理想的助益性关系只能由心理成熟的人来创造。换句话说，治疗师能否创造出一种促进他人独立成长的关系，取决于治疗师自己的个人成长程度。罗杰斯认为投身助益性人际关系领域，将不断扩展个人的成长空间，激励个人不断实现突破和成长。

第 7 章

当事人中心理念
应用于教育领域和家庭生活

一、两种不同教育模式的对比

在实践当事人中心思想应用于教育领域的过程中，罗杰斯深切地感受到来自传统教育体系的压力，以及两种不同教育模式之间的强烈冲突。罗杰斯分别描述了两种教育模式的特点，并深入分析了这两种不同模式背后的行为逻辑，以实现对两种教育模式区别的清晰阐述。

罗杰斯认为传统教育模式具有如下的主要特点：

教师是知识的持有者，学生则被看成是知识的接受者。教师是了解这个领域的专家，学生则拿着削好的铅笔和笔记本等待智慧的语言。教师作为指导者与学生在地位上有着极大的不同。

讲授、教科书或其他的一些语言智力性的教学方法是传授知识的主要手段。考试是检查学生接受情况的工具。上述这些是传统教育的主要要素。罗杰斯对讲授被认为是一种主要的指导手段深感迷惑，他认为在书还没有出版之前这一点还可以理解，但现在对这个方式占据主要手段的合理性几乎完全无法理解。罗杰斯同样认为对考试的强调也同样令人费解。

教师是权力的拥有者，学生则是服从者。学校管理者同样也是权力拥有者，教师和学生都是其服从者。权力的控制总是自上而下的。

受权威统治是被广泛认可的课堂策略。新的小学教师常常听到这样的忠告："要确保在第一天就控制住你的学生。"还有另一句流行的话表现出了这种冷酷，它就是："在圣诞节之前不要给孩子笑脸。"权威人物——指导者——位于教育的中心。无论教师被看成是知识传播者而受人崇拜，还是出于一个独裁者让人唾弃，教师总是处于中心位置。

信任处于最低程度。最值得一提的是教师不信任学生，不相信学生没有教师的不断监督会有令人满意的表现。而学生对教师的不信任则更多——不相信老师的动机、诚实、公正和能力，师生之间几乎很难存在双向的信任。

主体（学生）间歇或者经常地处于恐惧状态。今天校园里体罚虽然减少，但公开的挖苦、讽刺和对失败的长期恐惧更加有效力，学生们总是害怕会失去更多的东西。在小学，个体可能成为嘲笑的对象或者被认为愚蠢。在高中，除此之外又会加上害怕无法毕业，因为它会带来就业、经济和教育劣势。在大学，所有这些恐惧都在扩大和加剧。在研究生院，由一个导师主宰更容易由于独裁的奇思怪想而导致极端惩罚。许多研究生因为拒绝迎合他们主要导师的每个愿望而没有获得学位。他们的地位常常类似于奴隶，屈服于一个主宰着生杀大权的暴君。

民主及其价值在实践中被忽略和蔑视。学生不参与对教学目标、课程或学习方式的选择。教育系统已经为他们作了这些选择。学生不参与对教学人员的选择，不能发表对教育政策的意见。同样，教师也没有权力选择他们的行政管理者，他们常常也不参与教育政策的制定。所有这些同主流社会所主张的民主的优良传统、"自由世界"的重要性以及诸如此类的东西大相径庭。学校政策的实施与它实际传递给学生的感受形成了强烈的反差。当学生们被教导自由和责任是这个社会民主的光荣特征时，他们的体验却是毫无权力，几乎没有自由，并且缺乏机会去选择和负责任。

在教育系统中，偏重智能，而忽视个人的全面发展。在小学，正常孩子爆发出的好奇心和年轻人过度的精力受到遏制，如果可能，还会被扼杀。在中学，所有学生的主要兴趣是性、两性间情感和身体关系，而教师完全忽视了这一兴趣，当然也没有把此列入学习范围之内。在这一阶段，也没有提供如何学习处理情绪。在大学，这种情况更加极端——只有那些理性的思想才受到欢迎。

罗杰斯认为这种教育模式背后的策略意义是一切都由高层作出决定。重要观念就是"权力控制"。掌握和实施这一权力的策略就是：（1）奖励成绩和工作机会；（2）使用有敌意、惩罚性的、产生恐惧的方法，如考试失败、无法毕业和受到众人嘲笑。

这是一种"壶杯"教育理论，教育者（壶）拥有智力和实际知识，而学生则是被动接受者（杯），知识从壶里倾倒到杯中。

那么以人为中心的教育模式具备哪些特点呢？罗杰斯首要说明的是以人为中心教育模式得以存在和实现的前提条件，即一个领导者或者在情景中被认为是权威的一个人，她对自身和她与他人的关系充分自信，从而体验到一种基本的信任，相信他人能够为自己考虑，为自己学习。她把人当作值得信赖的机体。如果这一前提条件得以存在，那么以下几方面就会变得可能，并且得到实施。

起促进作用的老师与他人（学生、也可能是家长或者团体成员）共同对学习过程负责。课程计划、管理及操作模式、资金、政策制定都是对这个特定团体所要承担的责任。所以，一个班级要对它自己班上的课程负责，但所有的政策则由这个团体来承担责任。在任何情况下，责任都共同分担。

促进者提供学习的资料，可以是她个人的感受和经验，也可以是书刊文献或者团体经验。她鼓励学习者增添他们熟知的学习资料。她也接受团体经验之外的资料。

学生独自或在他人帮助下制订自己的学习计划。在探索自身的兴趣，面对这一资源宝藏的时候，学生自己决定学习方向，并为这些决定的结果承担责任。

提供一种对学习有促进作用的氛围。总体来说，在班级或学校的会议上，真实、关心和理解倾听的气氛非常明显。这种气氛会从那个作为领导者的人身上自发地散发传播开来。在学习的过程继续时，学习者们会为彼此越来越多地增加这种氛围。向他人学习变得与从书本、电影、工作经验中学习同样重要。

以人为中心的教育模式的焦点主要放在学习的持续过程上。学习的内容虽然很重要却处于第二的位置。所以，当学生已经"学完所有需要学完的东西"时，并不能说一个课程就成功地结束了，只有当他在如何学习他想要知道的东西上取得了极大的进步时，才能说课程已经成功结束。

为达到学生的学习目标而必不可少的一项纪律是一种"自律"，它是作为一种对自己负责任的态度被学生接受和认可。自律取代了外部规定的纪律。

对学生的学习程度和意义的评价主要是由学习者自己作出来的，尽管来自该团体其他成员和促进者的反馈可能会影响和丰富这种自我评价。

相对于传统课堂，在这种"有利于成长"的气氛中，学习会更加深入，学习进展会更快，对学生生活和行为的影响也会更加广泛。其原因就在于学习方向是自我选择的，学习是自发的，整个人（包括感受、情感和智力）都投入到了这一过程当中。

那么以人为中心教育的策略内涵是什么呢，谁拥有基本的权力和控制？很显然是学习者，或者作为一个团体的学习者，其中包括了促进者——学习者。

谁想去控制谁？学生正在控制他自己学习的课程和他的生活。促进者放弃了对他人的控制，仅仅只保留了对他自身的控制。促进者提供一种心理气氛，在这种气氛中，学习者能作出有责任性的控制。促进者还有助于不强调静态的或者内容上的目标，从而鼓励对过程、对学习发生时经验的关注。

决定权在每个人和那些会受到决定影响的人的手中。在此基础上，作选择的人可以是每个学生，作为一个团体的学生和促进者，或者还包括了管理者、父母、当地政府官员和团体人员。在一个特定课程上学习什么完全由每个学习者和促进者来作决定。

每个人通过自律来规范自己的感受、思想、行为和价值模式。

正在成长和学习的人是这种教育中一股政治力量强大的势力。学习者是中心。学习的过程代表了对于传统教育的一次革命性的转变。

在对比阐述了传统教育及以人为中心教育的不同特点及策略意义后，罗杰斯敏锐地认识到以人为中心的学习方法对传统教育造成了不小的压力和威胁。对于使用以人为中心的学习方法的教师而言，他必须面对的是与他人分享权力和控制带来的恐惧。谁知道学生能否信任，这个过程是否又值得信任呢？一个人能做的只有冒险；而冒险是令人害怕的。

以人为中心的教育对学生也是有威胁的。遵从和抱怨远比负责任、犯错误和承担后果要容易得多。再加上学生已经被指导了这么多年，以至于他们渴望保持这种告诉他们去做什么的安全感。负责任的选择令人害怕，这是一个治疗师们时常忽略的事实。

以人为中心的学习方法对管理者的威胁是显而易见的。罗杰斯反复观察到在一个传统体系中，一位教师在没有任何说明的情况下，在一个教室里实施以人为中心的学习过程，这个老师就是对整个体系的威胁。这种负责任的自由和分享的权力的骚动会被认为是一股革命力量，如有可能会被镇压。

传统教育体系中的成员不会说反对一种民主过程或负责的自由。对这一威胁的通常反应是传统教育体系认为以人为中心的教育方法是一种过于理想化的非常值得称赞的梦想，但是不会也不能够付诸实践。

二、如何实践以人为中心的教育

罗杰斯认为，目前人们所面临的是全新的教育局面，如果人们想要继续生存下去，教育的目标就是促进改变和学习。只有受过教育的人才知道如何去学习；才学会了如何去适应和改变；才会意识到任何知识都是不可靠的，只有探索知识的过程可以提供一个保障的基础。改变，对动态过程而非对静止知识的信赖，是当今世界唯一有意义的教育目标。

因此，罗杰斯认为一切改革的核心都在于：促进学习。当罗杰斯能够使一个团体，这里所指的是一个团体内的所有成员，也包括他自己，变成一个学习者的群体时，展示出来的是一幅令人吃惊的画面。随心所欲地表达出好奇；允许个体朝自身感兴趣的方向努力；提出疑问；质疑和探索一切；认识到一切都处于变化之中，这些都是最精彩的体验。当身处一个团体中的成员能够部分地或者大部分地获得这种经验时，这个团体就实现了促进学习的目标。在这样的团体中，涌现出了真实的学生、真正的学习者、创造性的科学家、学者和参与者，这类个体能够生活在现在所知的与流动的、移动的、变化的未来问题和实事之间的一种精确却又不断变化的平衡之中。

罗杰斯把促进学习视为教育目标，根本目的是促进学习者成长的方式，是学会作为个体生活在过程中的方式。罗杰斯认为促进学习是一种功能，它能对今天困扰人类生活的一些最深层的困惑作出建设性的、尝试性的、变化的过程回答。

那么人们应该怎样在教育中达到这样一个新的目标呢？罗杰斯认为这种学习的发起不取决于教师的教学技巧，教师在此领域的学术知识、课程设计、使用多媒体教学工具、使用程序化学习、演讲和演示、大量书籍，尽管其中每一样都可能会不时作为一项重要资源被使用到。罗杰斯否定以上提及的任何因素是实现促进学习的要素，他明确提出促进有意义的学习取决于促进者与学习者的人际关系中的特定态度特征。

罗杰斯首先在心理治疗当中得到这些发现，经由自己的教学经验和相关研究，他发现这些原则也同样适用于课堂。罗杰斯认为治疗者和当事人密切关系具备的特征也同样适用于教师和学生这种频繁的人际互动当中。

那么促进学习的特征和态度是什么呢？罗杰斯通过从教学领域中举出一些例证简要地介绍了这些特征。

学习促进者的真实性

也许这些核心态度中最基本的就是真实或者真诚。当促进者是一个真实的人，是她自己，不戴面具或者防御性地进入到与学习者的关系当中，那么她将更有可能起作用。这意味着她能意识到并接受自己正在体验的感受，能够生活在其中，还可以在恰当的时候交流这些感受。她与学习者是一次直接的会面，在人与人的基础上同她交流。这意味着她做的是她自己，而不是否定自己。

从这一点看，老师在师生关系中能够成为一个真实的人。她可以激情迸发，也可以觉得心烦，可以对学生感兴趣，也可以生气，还可以敏感和同情。因为她接受自己所有的这些感受，无须把它们强加于学生。她可以喜欢或者不喜欢一个学生的行为，而不用暗示在客观上这个行为是好的或坏的，或学生是好的或坏的。她仅仅表达出了对行为的一种感受，她内心的一种感受。所以，对她的学生而言，她是一个人，不是毫无个性的学校要求的化身，也不是枯燥无味的向下一代传承知识的管道。

很明显，这种在心理治疗中非常有效的态度模式与绝大多数教师以教师角色展现在学生面前的倾向是截然相反的。戴上面具，钻进教师的角色中，并整天戴着这一面具，直到晚上离开学校时才会摘掉，对教师来说他们已经习惯了这样而并非有意如此。

罗杰斯提及了一位叫芭芭拉·希尔的教师，她免费为六年级的学生提供艺术材料，学生们常常以创造性的方式使用它们，不过这使教室看起来常常显得杂乱不堪。这里是有关她的一些感受以及她是如何处理这些感受的一篇报告：

> 我发现生活在杂乱不堪的世界会让人发疯！除了我，似乎没有人会在意。终于，有一天我告诉孩子们……我生来就是一个整洁、有序的人，杂乱不堪会让我心神不宁。他们有解决的办法吗？一个建议是一

些志愿者来清扫一下……我说我认为总是让同样的人为他人打扫似乎不太公平——但这会为我解决问题。他们回答说："有些人喜欢打扫卫生"，所以事情就是那样。

在这个例子中，希尔小姐正冒险把她对混乱局面的愤怒的不满情绪明白地表示出来。那么会发生什么呢？这些年轻人接受并尊重她的感受，慎重考虑后，想出了解决办法。希尔小姐很明智地评论道："我过去生气时常常觉得难过和内疚。最终我意识到孩子们也能接受我的感受。当他们'冲撞'我的时候，让他们知道很重要。我也有自己的极限。"同时，罗杰斯也明确指出，要做到真实并不总是很容易，也不是立刻就可以做到的，却是成为这种革命性的个体、一个学习促进者的基础。

珍视、接受、信任

那些在促进学习中取得成功的人身上还有另外一种态度，罗杰斯曾经观察并体验到这一态度。罗杰斯认为这种态度是珍视学习者，珍视她的感受、她的观点、她的人。这种态度的核心是关心学习者，却不是一种占有式的关心，而只是把其他个体当作一个独立的、有价值的人接受。它是一种基本信任——相信这一他人从根本上值得信任。无论称它为珍视、接受、信任，或者是其他词语，它都会以种种可观察的方式表现出来。充分具有这种态度的促进者既能接受学生在面对新问题时的彷徨和害怕，也能接受学生成功时的满足和喜悦。这样的老师偶尔会接受学生的无动于衷，会接受学生探索知识道路的飘浮不定的渴望，还会接受学生为达到重要目标的自律和努力。她还能接受那些阻碍和促进学习的个人情感——与兄弟姐妹的竞争，对权威的憎恨以及对个人合适性的关心。罗杰斯所描绘的是对作为一个有着许多感受、许多潜力的并不完美的学习者的珍视。促进者对于学习者的珍视和接受是她对于人类机体能力的基本自信和信任的外在表现。

罗杰斯从课堂情景中选取了一个这种态度的例子，这是一个在莫瑞·阿佩尔博士班上的大学生所说的一段话：

> 你与我们相处的方式深深地启发了我。在你的课堂上，我觉得自己重要、成熟，能自己做很多事。我想独立思考，但这种需求不能只通过课本和演讲来实现，而要通过生活。我认为你把我看作一个有着真实感情和需要的人，一个个体。我所说的和我所做的都是我自己的重要表达，你认识到了这一点。

同感理解

同感理解是一种自发的、经验性学习氛围的另一个要素。如果老师能够从内心深处理解学生的反应，能敏锐地意识到教育和学习方式在学生看来怎样，那么产生有意义学习的可能性也会增加。

这种理解与通常评价式的理解截然不同，其模式是"我了解你出了什么问题"。当存在一种敏锐的同感时，学习者的反应则会按照这样的模式："最终有人理解了我的感受而不会想要去分析我或者评价我。现在我能够绽放、生长和学习。"

这种设身处地、通过学生的眼睛看世界的态度在课堂上几乎闻所未闻。观察普通课堂上千次的互动，也不会遇到一次清楚交流的、准确敏锐的同感理解。但是它一旦发生就会有巨大的释放作用。

当学生只是被理解了——没有评价，没有判断，知识从他们自己的而不是教师的角度出发被理解了时，他们会多么地感谢老师。如果哪个老师使自己每天都对学生表现出的或说出的感受作出一种非评价的、接受的同感反应，罗杰斯相信那么教师会发现这种当前几乎还不存在的理解的效力。

接下来罗杰斯深入分析了什么是促进态度的基础。首先他回应了关于实践促进态度的困惑，确实人们并不总能具有以上所说的那些态度。有教师如此提问罗杰斯："但如果我没有体会到同感理解，在当时的确没有珍视、接受或者喜欢我的学生，那该怎么办?"罗杰斯的回答是在提到的这些态度当中真实是最重要的，所以如果对学生的内心世界几乎不了解，不喜欢学生或者他们的行为时，真诚相待往往比伪装理解或者戴上一副关心的面具更加具有建设性。

罗杰斯承认这并不像听起来的那样简单。要做到真诚、诚实，一致或真实就意味着对自己也是如此。因为个体并不知道对他人来说什么才是真实，所以个体无法对他人做到真实。如果个体想要做到真正的诚实，个体只能说出在自己身上发生了什么。

在此罗杰斯再次援引了希尔小姐在报告中对那些艺术作品造成的"混乱局面"感受的描述。关键的是希尔小姐说："生活在杂乱不堪的世界会让人发疯!……我生来就是一个整洁、有序的人，杂乱不堪会让我心神不宁。"假设希尔小姐的感受是以课堂上更为平常的、伪装的方式流露出来，她可能会这么说："你们是我见过的最乱的孩子!你们不注意整洁和干净。你们真令人讨厌。"这绝对不是罗杰斯所指的真实和诚实的例子。这两段话之间有着天壤之别，罗杰斯对两者间的差别加以阐释说明。

在第二段话中希尔小姐并没有谈及自己的任何事情，也没有分享她的感受，毫无疑问，孩子们会感到她是在生气，但由于孩子们感觉敏锐，他们也许不确定她是对他们生气还是因为同校长吵了架。第二段话丝毫没有第一段话诚实，在第一段话中希尔小姐说出了自己的苦恼，说出了自己心神不宁的感受。

第二段话的另一方面是它完全是判断或者评价，与大多数判断一样，它们都是有争议的。这些孩子真的是一团糟吗，或者他们仅仅是兴奋地投入自己正在干的事情当中呢？他们所有人都弄得乱糟糟的吗，还是有人和她一样深受其害呢？他们对整洁毫不在意吗，或者他们并不是每天都在意它？如果一群客人进来，他们的态度是否会不同？他们是否很令人讨厌，还是仅仅因为他们是孩子？罗杰斯相信当教师尝试对此作出判断时，它们都不完全准确，所以会引起憎恨和愤怒，还有内疚和恐惧。如果希尔小姐说了第二段话，课堂反应就会完全两样了。

实际上，做到真实是最困难的，即使一个人想要做到真正的真诚，它也只是偶尔出现罢了。当然这也不是词语使用的问题，如果某人有评价感，即使在表达中使用听起来像分享感受的语言方式也会无济于事。这只是另一个戴着面具、缺乏真诚的例子。人们只有慢慢地才能学会真正的真实。首先，一个人必须贴近他自己的感受，能够意识到它们。接着，这个人必须愿意冒险与他人分享这些感受，发自内心的，而不是将它们伪装成评价，或将它们归咎于他人。

罗杰斯认为如果一个人对人类机体和潜能没有最基本的信任，是绝对不可能拥有以上三种态度的，也不可能致力于成为一个学习促进者。如果对人类没有基本的信任感，那么治疗师一定会用自己选择的信息推动对方前进，以免对方误入歧途。但是如果治疗师相信人类个体有发展自我潜能的能力，治疗师就会提供给对方许多机会，允许她在学习中选择自己的道路和方向。

罗杰斯总结道，当一个学习促进者创造出一种她能够做到真实、珍视和同感的课堂氛围时，即使在一种很轻微的程度上：当她信任个体和群体的建设性的倾向时，她就会发现自己开始了一场教育革命。有着一种不同的特征、以一种不同脚步前进、具有更大程度蔓延性的学习出现了。情感——积极的、消极的、迷惑的——成了课堂体验的一部分。学习变成了生活，变成了一种充满活力的生活。学生正在成为一位学习者，一个改变着的人，时而兴奋，时而无奈。

罗杰斯试图指出的是如果人们想要使他们能在这个变幻无穷的大千世界中建设性地生活着，那么人们只有让他们成为主动的、自发的学习者才能做到。就罗杰斯目前的经验而言，在与一个人的有助于成长、促进的关系中，这种学习者的发展最佳。

三、当事人中心理念应用于家庭生活

由于有越来越多的治疗师和咨询师来帮助那些处于各种困境的个人和团体，因而大家已经产生了一种共识，即当事人中心疗法理念与每一个人际关系领域都是有关系的、有意义的。罗杰斯在此论述了当事人中心的治疗理念对于家庭——在所有的人际圈子中最亲密的一种关系的含义。

罗杰斯没有在抽象或者理论的层面上探讨这个问题，而是介绍来源于当事人中心治疗师与当事人的实际经验中，在当事人努力追求更满意的生活时，他们在家庭关系中所体验到的变化。在此罗杰斯无意建立家庭生活的一般模式，或者提出在家庭环境中应该坚持什么样的生活方式，他只想把生活在真实的而且常常是问题家庭中那些很真实的人的体验描述出来。罗杰斯认为，这些当事人为了过上令人满意的生活而作出的努力，或许对大家能有意义。

那么，作为当事人中心治疗的结果，在家庭生活中的当事人发生了什么样的变化呢？

更加充分地表达情感

罗杰斯观察到的第一点经验是，当事人开始逐渐地更加充分地表达自己的真实感情，不仅向他人也向自己的家庭成员表达这些感情，既表达那些有可能被认为是消极的情感——怨恨、愤怒、羞耻、嫉妒、厌恶、烦恼，也表达那些有可能被认为是积极的情感——温柔、羡慕、喜欢、爱。在治疗过程中当事人发现他们似乎能够丢掉他们一直戴着的面具，成为更加真诚的自己。有一位丈夫发现自己对妻子的行为感到非常愤怒，于是就把这种愤怒表达了出来，而在这以前，他对她保持着，或者他认为保持着一种镇定的、客观的态度。这意味着，情感表达的地图与真实情感体验的疆域好像开始越来越吻合了。父母与孩子、丈夫与妻子开始能够越来越真实地表达他们之间的感情，而不是向对方，或者是向对方以及自身隐瞒他们的真实感受。

在当事人的经验中还有一个微妙的因素，当事人发现，表达感情是一件非常令人满足的事情，但这件事情在以前却让人觉得似乎总是具有破坏性和灾难性。其差别似乎是由于这个事实造成的，即，当一个人戴着面具生活时，他那些没有得到表达的情感会逐渐累积到足以发作的程度，而且极其容易被某些具体的事情引爆。但是这个遭受着某种感情冲击的人，如果此时以暴跳如雷、极度抑郁、过度自怜这些形式来表达自己的感情，那么，这往往会对所有相关的事情带来不利影响，其原因在于它们与这种具体情形极不相称，显得极不理智。对家庭关系中的某些烦心事大动肝火实际上可能是由以前被压抑或者被否认的情感造成的，而这些情感恰恰是由这些情形引起的。但它在这种情况下发作出来，却是不理智的，因而也是不可理解的。

122

心理治疗正是要在这一点帮助消除恶性循环。当当事人能够宣泄自己一直体验着的情感，包括所有那些累积起来的苦恼、狂怒或绝望，而且能够把它们接纳为自己的感情时，它们就失去了发作的威力。此后，不论在何种具体的家庭关系中，他都更加能够表达由此引发的感受。由于他们没有把过去这些多余的问题带到现在来，所以，他们的言行举止显得更加得体，更有可能被理解。这个人会逐渐发现，自己会在感受一出现时就把它们表达出来，而不是等到它们已经在他身上燃烧、溃烂之后。

生活在以真实为基础的关系中

咨询似乎还可以影响到治疗师们的当事人如何感受其家庭关系。常常令当事人大吃一惊的是，他们发现人与人之间的关系竟可以以真实情感为基础，而不是以防御性的伪装为基础。如果发现表达出羞耻、愤怒和烦恼等情感后，双方关系仍然存续，那么这会让人感觉到心安。一个人如果感觉到可以不加歪曲地表达自己的脆弱、敏感和担心，内心就会力量倍增。这样之所以能够产生建设性的作用，部分原因在于治疗中当事人学会了把他自己的情感当成自己的情感来予以承认和表达，而不是把它当成别人的一个事实来陈述。所以，如果对自己的配偶说"你做的都不对"，那可能只会引起争辩；但是，如果这样说"我对你做的事情感觉到非常生气"，那么说话者只是陈述了一个自己内心感受到的事实，一个任何人都不能否认的事实。这时它不再是对别人指责，而只是存在于自身的一种感受。"你应该因不能满足我而受到谴责"是一种争辩的说法，但"当你这样那样做的时候我感受到了自己的不满足"则只是说出了关于双方关系的一个事实。前提是，只有一个从内心接纳了自己情感的人，才会发现家庭关系是能够存在于这些感情基础之上的。

双向交流的改善

治疗中的体验似乎还给治疗师们的当事人带来了另外一个变化，这种变化体现在他们家庭关系中的生活方式上。他们学会了如何启动并维持真正的双向交流。彻底理解他人的思想和感受，还有这些思想和感受对他而言所具有的意义，反过来再彻底地被这个人理解——这是人最有价值的体验之一。

在某种程度上这似乎应直接归因于他们与咨询师的交流体验。一个人发现自己获得了别人的理解，那么正是这种解脱感，这种令人愉快的解除防御的松弛感，使得个体也愿意为别人创造这种氛围。在治疗性关系中，如果一个人发现自己极其可怕的思想、古怪异常的感情、荒唐可笑的梦想与希望、非常邪恶的行为等都能得到别人的理解，那么他就会产生一种惊人的放松体验。而且，他会开始把它当作一种能够延伸到他人那儿的资源。

不过，为什么这些当事人能够理解家庭成员，对此似乎还有更加根本的原因。如果人们戴着面具生活，背离自己的真实感受去行动，那么，人们就不敢自如地倾听他人。人们肯定会一直保持警惕，以免被他人看穿自己的虚假外表。但是，当一个当事人以罗杰斯描述过的方式生活，当他在自己的真实感受发生的情境中倾向于把它们表达出来时，当他的家庭关系是建立在实际存在的情感基础上时，那么，他就不会再有防御，而是能够真正地倾听、理解他家庭的其他成员。他能让自己看到对另一个人来说，生活是什么样子的。

容许他人保持独立性的愿望

罗杰斯还注意到了另一个决定性的倾向，即当事人倾向于让每个家庭成员拥有自己的情感，做一个独立的人。这似乎有点像怪谈奇论，但实际上它是非常关键的一步。我们中很多人也许没有意识到我们倾向于给我们妻子、丈夫、孩子施加巨大的压力，以便让他们拥有和我们一样的情感。就像我们常说的："你如果想让我爱你，那你就必须有我一样的感受。如果我觉得你的行为不好，那你也应该认为它不对。如果我觉得某个目标是值得追求的，那你也必须也是这样看的。"现在在我们的当事人这里他的倾向正好与此相反。他们愿意让他人拥有不同的情感、不同的价值观念、不同的目标，简言之，就是愿意让他做一个独立的人。

罗杰斯相信，这一倾向的产生是由于一个人觉得可以相信自己的感受和反应——他自己强烈的冲动不具破坏性或灾难性，那他自己就不必保持防御，而是可以真实地面对生活。这样当他学会可以信任自己，能够保持自己的独特性时，他就更加能够信任自己的妻子或孩子，能够接纳他人所拥有的独特情感和价值观念。

罗杰斯认为如果自己对当事人体验的认识是正确的，那么当事人中心疗法似乎对家庭生活有着丰富的意义。概而言之，体验在以下几方面。

个人似乎会发现，在真实的生活情境中，把自己任何一种强烈的或持久的情感态度，向有关的他人直接并发自肺腑地表达出来，终究是一件令人满意的事情。这比拒绝承认这些情感的存在、任凭其累积到足以爆发的程度，或者在时过境迁的其他情境中表现出来，会令人更加满意。

个体似乎会发现，生活在一种特定的以真实的人际间情感为基础的家庭关系中，而不是生活在以伪装为基础的家庭关系中，终究更加令人满意。此外他还会发现，如果真实的情感得到接纳，尤其是把它们当作自己的情感来表达，而不是把它作为别人的什么事情来谈论，那么，通常就不会有那种担心家庭关系会遭到破坏的恐惧。

许多的当事人发现，当他们能够更加自由地表达自己时，当家庭关系的表面特点与其起伏不定的态度变化更接近于一致时，他们就会解除心理防御，并真实地倾听他人。这往往是他们第一次开始理解别人是如何感受的，以及为什么是那样感受的。于是相互理解就开始渗透到人际互动中。

最后一点是，人会越来越强烈地希望他人都成为本真的自己。当个体更愿意成为他自己时，个体就会发现也更乐意允许他人成为他自己，包括一切方面。这意味着，所有家庭成员都倾向于成为一个独立和独特的人，成为一个拥有自己个人目标和价值观的人，而与此同时他们又能够依靠存在于他们之间的真实情感凝聚在一起，不论这种情感是积极的还是消极的；能够依靠令人满意的相互理解联系在一起，哪怕仅仅是关于对方私人世界的一丁点儿理解。

罗杰斯相信，正是通过这些方式，治疗才使得一个人更加充分更加彻底地变成了他自己，才使得他从现实的家庭关系中感受到了更大的满足，而这又反过来促进了同样的结果——促进每个家庭成员不断地去发现并成为他自己。

第 8 章

关于助人职业的探索和思考

一、如何成为会心团体中的促进者

随着临床实践经验的逐渐深入，罗杰斯开始探索如何将当事人中心疗法应用于小组治疗并取得了很好的成效。罗杰斯逐渐意识到比起只依靠一对一的关系促进成长，与小团体共同工作既能面对更多的人并且还能提供在一对一关系中无法获得的成长和学习机会。

基于逐渐累积的团体经验，罗杰斯开始思考如何在团体中成为一个合格的促进者，最大限度地信赖和发挥团体本身的智慧，达到团体成员的共同成长。罗杰斯尽可能开放地总结出自己在团体中成为一个助人者的努力，以及他认为不适合促进团体成长的行为方式。

关于会心团体的哲学背景和态度

罗杰斯认为如果适当地为团体营造促进的氛围，那么团体本身就会发展自身的潜力以及每个成员的潜能。罗杰斯认为当团体是被促进而非被引导时，这与他在个人治疗过程中对有机体的信任十分类似。在罗杰斯看来，团体就像是一个大的有机体，它有一种属于自己的方向感，即使该团体不能知性地确定具体而明确的方向。罗杰斯在此引用了让他印象深刻的一部医学电影。这是一部通过显微镜观察而制作的电影，描述了白细胞在血液中的随机运动，直到出现了一个有害病菌。这时，以一种有目的的形式，白细胞们向病菌移去，它们包围了病菌并逐渐吞噬它、消灭它，然后以一种随机的方式运动。与此类似，罗杰斯认为团体在其进程中认识到不健康的元素，关注这些元素，将其消灭或减弱，然后使机体朝向成为一个健康团体的方向发展。这就是罗杰斯所说的"机体智慧"存在于从细胞到团体的每个水平。

罗杰斯并非是指每个团体都是"成功的"或其过程总是一样的。有的团体可能一开始进展就很快，没有明显的阶段性，只需要很少的几步就能达到较大的自由性。而另一些团体可能从自发的、感觉式的水平开始，经过长时间才能完全发掘其潜能。这两种发展对罗杰斯而言都是团体进程的一部分，而且罗杰斯对二者的信任是相同的。

罗杰斯希望在团体中能出现完整的人，这种完整指的是团体成员情感和认知模式在团体活动中都有所体现。但是，罗杰斯承认，在现在很多特定的时刻，许多人只会选择两种模式中的某一种。当然，罗杰斯依旧肯定团体成员这种存在方式的价值。在团体活动中，罗杰斯努力促使自己前进，促使自己所在的团体前进，并努力将自己呈现为一个完整的人，一个有着自己的思想和感情的人——思想中渗透着情感而情感中又渗透着思想。

氛围背景的功能

罗杰斯通常以一种无机构的方式开始一个团体，在团体开始之初，罗杰斯只会进行寥寥数语的介绍。在团体进行的过程中，当每个人在描述自己时，罗杰斯会尽可能仔细地、准确地、细心地倾听。罗杰斯认为不管该个体的表达是肤浅的还是重要的，都值得自己仔细倾听。罗杰斯认为发言的个体是有价值的，值得让人去理解的。

罗杰斯明确指出自己的倾听是有选择性的，他关注着正在讲述的团体成员本人，但是对他和妻子争论的细节、在工作中的困难或对他人陈述的不同意见，则不会抱有太大的兴趣。罗杰斯更关注的是那些体验在"此刻"对该成员的意义，以及它在该成员内心唤起的感受。罗杰斯尽力对这些意义和感受作出反应。

在团体进程中，罗杰斯非常希望为每个个体创造一种安全的心理氛围。罗杰斯非常清楚一个人不能在新的洞察或成长的痛苦中体验到安全，或者在他人真实反馈的痛苦中感到安全。罗杰斯希望每个人感到不论在他的外部或内部发生了什么，自己的心将与他紧密地联系在一起，不论痛苦或者快乐时刻，或在成长中常见的既有痛苦又有快乐的时刻。罗杰斯密切关注并追随着每个团体成员当下的情绪反应和内心体验，并对此作出恰当而及时的反应，尽量为团体中每个成员营造出一种安全的成长氛围。具体做法如下：

接纳团体

罗杰斯对团体及团体成员有着极大的耐心。他认为按照团体的本来面目接受它是极有好处的。如果一个团体希望理性化，或讨论很肤浅的问题，或者情绪封闭，或者很害怕个人交流，这些团体倾向基本很少像烦扰其他团体领导者一样烦扰罗杰斯。罗杰斯明白促进者安排的某些练习任务能在实践中迫使团体达到一个更多交流或更多情感的水平，有些领导者在处理这些事情上很有技术，并且当时就能收获很好的效果。然而，罗杰斯作为一个临床科学家作了很多非正式的跟踪调查，这些过程的持续结果常常不像马上出现的效果那样令人满意。罗杰斯认为，从长远看来，企图人为地将一个团体推到一个更深层次是没有效果的。基于此，罗杰斯发现最好的办法就是信任团体并促使团体自由发展，团体会在逐渐真实和深入的交流中找到帮助每个团体成员成长的相处方式。

接纳个体

就每一个团体成员而言，罗杰斯希望由成员本人决定参加或不参加某个团体。如果一个人希望在心理上处于边缘，罗杰斯在内心对此也是默许的。团体本身也许可能不会希望他处于这种状态，但是罗杰斯本人还是乐意接受团体成员处于心理边缘状态。罗杰斯接受个体沉默的前提是，他能确信这不是没有表达出的痛苦或者抵制。

罗杰斯倾向于按照话语的表面意思去理解它。作为一个促进者，罗杰斯真心希望自己成为一个易受骗的人，愿意相信团体成员所说的话都是真实的。如果并非如此，罗杰斯认为个体可以在随后的交流过程中自由纠正自己先前的表达，因为罗杰斯认为将时间花费在怀疑或猜想上纯粹是一种浪费。

罗杰斯对于现在的感受比对过去的经历的介绍会作出更多的反应，但他希望在交流中两者都能呈现。罗杰斯并不喜欢"我们将仅仅限于谈论此时此地"的规定。

在团体过程中，罗杰斯试图弄清楚团体作出的选择将会导致什么后果，这些后果是否确定、有意识，或捉摸不定，或无意识。随着罗杰斯参与团体的经验不断深入，罗杰斯期待的是自己所能带来的一份影响，而不是控制所发生的一切。

同感理解

罗杰斯试图理解人们交流的内容的准确意义，他认为这一点极其重要，也是他在团体中最常做的。罗杰斯在交流中努力去理解复杂的情景，并在交流中将对该个体所陈述的意义的理解反馈给他。罗杰斯认为这样做是有促进作用的，因为这样可以澄清说话者的意思，有助于其他团体成员去理解他，并且不会将时间浪费在讯问或者对他陈述的复杂细节作出反应上。

根据自己的感情进行操作

罗杰斯认识到在团体中自己逐渐能够自如地表达此刻的感情，无论是对整个团体，或者对某个个体，还是对他自己的情感。罗杰斯尽量在表达出积极的、喜爱的情感的同时也表达出负面的、受挫的或愤怒的情感。罗杰斯发现当自己的感情，不论是积极的还是消极的，与某位成员的情感进行直接互动时，似乎能在团体中更好地胜任促进者的角色。对罗杰斯而言，这意味着与对方在深层次的个人意义上进行交流。

反对和反馈

在团体沟通中，罗杰斯倾向于反对个体行为的特定方面。比如，"我不喜欢你聊天的方式，我觉得你对每个问题都要说三四遍。我希望你表达完信息后就停下来"。"在我看来你就像润滑油。有人似乎碰到了你，在你身上留下痕迹，但是马上痕迹就消失得像没有碰过你一样。"

罗杰斯也喜欢只用自己希望宣称为自己的情感来反对另外一个人。有时这种情感可能很强烈。"我一生中从没有像在这个团体中这样生气。"或者，对某个团体成员说："我今早醒来，感到'我再也不想见到你了'。"

对罗杰斯来说攻击一个人的防御性是带有评价性的。如果一个人说"你隐藏了许多敌意"，或"你太理智了，可能是你害怕你内心的情感"，我相信这种判断和诊断是非促进性的。然而，如果罗杰斯感觉到这个人的冷漠让他不满，或者他的理智激怒了自己，或者他对别人的粗鲁让罗杰斯感觉到非常生

131

气，罗杰斯就会说出内心中的受挫感或愤怒，他认为做到这一点对自己而言非常重要。

通常在反对某个团体成员时，罗杰斯会使用成员提供的非常具体的材料。"现在你再次成了你所称的'钻牛角尖的乡村男孩'。""现在我觉得你又在重蹈覆辙——你自己曾经描述过的那种事——做那个不惜任何代价想得到表扬的男孩。"

如果一个人在罗杰斯的反对下似乎很痛苦或者有其他什么不适，如果该成员愿意的话，罗杰斯会对此作出非常积极的回应，并帮助个体"脱离苦海"。"你看上去似乎对你的一切很担心，你是不是想单独待会儿?"个体只能被这种回应引导，尽管他可能会有痛苦，但他们知道自己所希望的反馈和反对一直都有。

避免计划和"练习"

罗杰斯尽量避免采用任何计划好的程序，对于人为的团体状态他表示非常担忧。罗杰斯认为，如果采用了任何计划好的程序，那么团体成员就应该如同促进者一样全身心地投入其中，并且不管他们是否愿意使用这种方法，都应该自己作出选择。当面临挫折或者团体达到了稳定状态的极少情况下，罗杰斯尝试过使用一些工具或者策略，但事实上，罗杰斯发现它们几乎不起作用。

罗杰斯认为对团体成员制订计划是可能的，但到底会发生什么则取决于团体成员本身。在罗杰斯看来，如果是团体自发的，那么任何方式都是合适的，因此罗杰斯认为自发性是最为宝贵和难以捉摸的要素。

避免解释和进程评价

罗杰斯很少对团体进程进行评价，他认为这种评价可能会引起团体的自我意识；它们会使进程慢下来，并使团体成员意识到他们正在被审查。这种评价也暗示着自己没有把这些成员当成人来看待，而是当作一团东西，这并非是罗杰斯所希望的。最理想的情况是，对团体进程的评价最好自然而然地来自团体成员，而不是促进者特意所为。

罗杰斯并不赞同对一个人行为背后的东西进行探究或者评价。对罗杰斯而言，解释一个人行为的原因只不过是一种高水平的猜测。这种解说对营造一个安全成长的团体氛围并没有帮助作用。

在这一节开头部分罗杰斯强调了许多有效的团体辅导方式，同时，罗杰斯也指出有一些方式他并不认同，因为这些方式在他看来是没有促进作用的，甚至对一个团体或其中成员可能是有害的。

第一，罗杰斯对那些利用当前人们对团体的兴趣的个人深表怀疑。由于人们对此兴趣渐增，一些团体工作者盲目地追求其团体形式，当助人者身上出现了这样的特征时，罗杰斯对此深感气愤。

第二，当促进者推动团体前进，操纵团体，为团体制定规则，试图引导团体朝向他自己未说明的目标前进时，效果不好。甚至这样一个小小的行为就会减少或者破坏团体对他的信任，或者甚至更糟，使成员成为促进者名誉的追随者。因此，如果促进者有了具体目标，最好是将这个目标明示出来。

第三，有些促进者通过团体中过分激动的行为来判断一个团体的成败——他们计算哭泣或被打动的人数。罗杰斯认为这导致了一个极虚假的评价。

第四，罗杰斯并不赞同这种类型的促进者——他们相信某一方法是团体进程的唯一基本要素。对个体而言，"攻击防御"是必要条件。而对另一个个体而言，"激起每个人的基本愤怒"是主旋律。例如，罗杰斯非常尊重西纳农以及他们对吸毒者的有效工作，但是罗杰斯反对他们草率地把不断的攻击，不论它是以真实的或者虚假的感情为基础作为一个判断团体成败的标准。罗杰斯希望敌意或愤怒在出现时就被表达出来，并且希望当它们确实在自身上出现时就被表达出来，但还有许多其他感情，它们在生活和团体中同样重要。

第五，罗杰斯对这些促进者并不赞许，这些促进者自己的问题很大很迫切，因而他们需要进入团体解决自己的问题，这容易导致该促进者不能解决或者深切意识到他人的问题。这种人最好成为团体中的参与者，但是当他作为促进者时就非常不利于整个团体健康成长。

第六，罗杰斯不欢迎这样的促进者——他们频繁地解释团体成员行为的动机或者原因。如果这些解释不准确，他们毫无帮助作用；如果解释准确，他们可能会引起极度的防御；更糟的是，这可能剥去了一个人的保护层，使他脆弱并可能受到伤害，尤其是团体结束后，可能会对个体产生持久的消极影响。

第七，罗杰斯不喜欢促进者以下述方式开始练习或者团体活动："现在我们都将……"这仅仅是一种特殊的控制方式，但是很难让人拒绝。如果要介绍练习，罗杰斯认为促进者应该清楚地说明每个成员都有机会退出活动。

第八，罗杰斯不认可那些其个人感情不能参与到团体中的促进者——将自己视为一个专家，能够运用高层知识来分析团体进程和成员反应。罗杰斯认为促进者这样做所表现出来的恰恰是自身的一种防御，又同时表现出对成员缺乏尊重。这种人否定自己的情感，并且为团体树立一个榜样——过于冷静分析、从未涉入其中的榜样，这与罗杰斯的观点恰恰相反。无防御和自发性而不是冷漠和防御，才是罗杰斯希望在团体中出现的。

罗杰斯特别指出，他一点也不反对团体成员所具备的任何特点。无论一个团体成员是操纵性的、过度解释的、极具攻击性的或者冷漠的，都会被团体成员们非常适当地处理。他们不会允许这些行为持续下去。罗杰斯充分信任团体的机体智慧，相信团体处于一种安全、接纳的氛围下能给每个团体成员带来促进和成长。

二、关于助人职业的反思

回顾自己过去四十五年从事的临床心理学或相关的工作——帮助有困难的个体，在该领域从事研究，促进个人和团体的成长和发展，努力与组织机构合作，例如，尽可能地将当事人中心理念应用于教育领域，以及表达自己对这个病入膏肓的社会和文化的致命疾病的关心。

罗杰斯认为这些回忆中包括一些事情，例如，努力不懈地为临床心理学在美国心理学会中求得一席之地——这种奋斗是为了证明心理学家事实上能够进行心理治疗而且也是合法的，这其中包括：与精神病学家的各种斗争；尝试在心理治疗中纳入详细的考察和实证研究；努力建立一个理论框架，使得临床工作从奄奄一息的精神分析教条式的正统学说中解放出来，促进多种多样的创造性思维；努力扩展临床和其他心理学家的范围和视野，最后可能是努力帮助心理学家成为转变代理人，而不仅仅是心理绷带的治疗应用者。过去的执着努力取得了不菲的成果，在此基础上，罗杰斯进一步展望助人职业正在面临的挑战，或者，不久的将来要面临的挑战。罗杰斯以提问的形式列举了这些挑战。

我们敢于建立一种人的科学吗?

如果我们想建立一门真正的心理科学，一个新的科学概念是必不可少的，而我们是否敢于发展这一新概念？或者我们沿着伪科学的道路继续前进？

目前的心理学，有数以千计的实验，众多的白鼠，众多的相关实验室、计算机、电子设备、高度复杂的统计标准，诸如此类，但是在罗杰斯看来作为一门重要的科学它正在倒退。罗杰斯认为，令人沮丧的是人们并没有注意到罗伯特·奥本海默在美国心理学会上的警告，指出心理学可能做得最糟糕的事情就是"依照一种不再存在、已经过时的物理学来塑造自己"。实际上，罗杰斯认为心理学正在局限于过时的牛顿式的科学概念中，没有意识到在理论物理学和其他各种"硬的"和"软的"科学中对科学的看法正在发生着改变。关于这一点罗杰斯有如下的表述：

> 心理学家所认为的科学变成了科学的一部分。它可以被视为存在于深刻的个人情境中，似乎有道理的个人和团体评价在此情境中与统计学意义一样重要。这样，精确美的模型、不可反驳的科学就变成了有限的，具有明显的个人结构的，不可能天衣无缝的。对经验的开放性完全可以与对研究设计的理解一样被看作科学家的一个重要特征。而整个科学事业可被看作广大知识领域的一部分，在这一领域中可以用多种同样有意义的方法来获得真理，科学只是这些方法中的一种。

这些话说明了心理学家如果想发展一种人的科学所要面临的挑战。心理学可能成为一门以对内部认知过程的细致观察为基础的科学，就像人们在皮亚杰身上所看到的一样。它将涉及对内心的、个人的、情感的意义的探索，正如罗杰斯及其同仁所正在做的。它将以对个人现象及其外在行为和反应的理解为基础。这种朝实证路线发展的趋势在心理治疗研究中日益明显。许多研究者进行的日渐精妙的关于梦的研究也强烈地证实了这一点。研究者将个体完全主观的、非理性的梦的世界与个体在多种电子测量仪器上的反应联系起来。在这里，最古老的主观现实之一——梦，确实与最现代化的技术联系了起来。应该注意到的是，在所有这些向一种较新的科学前进的趋势中，罗杰斯认为，人们并没有将个体推入某种人为的情景中去研究某个我们强加于其身的假说。相反，人们打开了自己的心灵和整个自我向个体学习。

为什么这很重要？罗杰斯回答道，如果不这样，人对我们而言将仅仅变成了一个物体。人类运用他所感知到的与自己不同的东西，但他用他感知与自己相似的东西去寻求一种普遍理解和普遍和谐。前一种感知导致了操纵和真正的技术，后一种感知导致了理解和真正的科学。罗杰斯认为除非我们建立这种真正的人的科学，否则我们不过是在发展一种供计划者和独裁者使用的技术，而非对人类情境的真正理解。如果我们不勇敢地迎接这种变化，那么心理学将变得越来越与研究人的真相无关。

我们敢于成为设计者吗？

我们时代的心理学家面临着一个巨大的挑战是建立一种方法，这种方法关注于建构崭新的社会，而不是修补旧的社会；也就是说，去设计一个不会有那么多问题的社会，而不是将膏药贴在那些由社会因素所造成的创伤上。关键是人们能否发展出一个能对问题进行事先防御的方法，而不是不断寻找亡羊补牢的方法。

罗杰斯举了几个例子。学校心理学家是否满意于试图诊断和治疗个体的那些由陈旧的、课程安排不合理的教育体制所导致的疾病；或者，他是否坚持参与创造一些学习机会，使得学生的好奇心得到释放并促使学习兴趣代替了监狱般的学校布置的任务。用这种方式工作要求心理学家真正做到激进。这意味着他要走出他安全的小办公室和工作室，和学校管理者、教师、团队领导一起来计划和设计一个学习环境。他的工作不再是试图缓解旧体制下牺牲者的伤痛，因为对这些人来说失败已经习以为常；相反，他会致力于建立一个复杂机构的更广泛工作——以学生为中心而其他人则为学生服务。作为临床工作者，罗杰斯认为现有的工作方式非常低劣，心理学家们急需改变自己的态度去探索实现改变和提升的途径。

为什么心理学家在设计那些变得更好而非更糟、利用科技而非沦为其奴隶的环境中——城市、学校、家庭、文化——没有处于核心地位呢？的确有一些心理学家参与其中，但数量却很少。

罗杰斯列举了一个自己熟悉的例子，一位心理学家，应该称之为一位咨询心理学家，在一个大公司中参与设计一个大的新计划。在该计划中他的工作是提高人际关系满意度，因此他与建筑师、与汽车设计人员、与工会领袖、与流水线专业人员、与所有的这些人打交道。他不是简单地努力改善或缓和该企业中人的作用。他认为自己的工作是将人放在整个企业的中心位置，努力发现一个大型现代化生产企业能否如此建构、如此组织，以提高员工的士气、丰富员工的生活。罗杰斯相信这位心理学家致力于尝试建立一个首先是人的体系。如果最终这个团队能够成功，人们将无须谈论现代工厂对人性的磨灭，以及对人类心理的巨大伤害。可以肯定的是，这位心理学家可能会失败，也可能成功。但他致力于建构的是一个人的企业。

我们敢于取消专业主义吗？

罗杰斯认为这个挑战尤其针对临床和社会心理学家，是在探求一种消除职业化程序的激进的可能性。罗杰斯知道这个思想非常异端，在那些已经努力成为"专业人士"的人心中引起了很大的恐慌。罗杰斯已经看到了职业化和执照化的趋势，看到了试图驱逐江湖骗子的努力，但根据罗杰斯的观察和判断，这个目的并没有达到。

在此罗杰斯并非完全指责在制定资格认证标准以及实施具体措施的那些人的动机、真诚和努力。罗杰斯对此深有同感，他也希望能够有一种方法区分出有资格者和无资格者，称职的工作者和机会主义者以及江湖骗子。但在实践中，罗杰斯观察到了这样一些事实。

一旦人们为行业建立一个资格认证标准，不管是针对临床心理学家、团体训练员、婚姻咨询师、精神分析师还是精神治疗师，其首要的和最大的作用是将职业冻结在了一个过去的形象上。这是不可避免的结果。人们使用什么来审查呢？显而易见，是过去一二十年以来使用的问题和测试。那么谁有足够的智慧成为审查者呢？显而易见，那些已经拥有一二十年的经验和那些为此在十五至二十年之前就已经开始训练的人。这种团体总是在努力更新自己的标准，但不可避免地总是会落后临床实践需要好几步。所以资格认证程序总是使用很早以前的标准，并用当时的术语定义职业。

罗杰斯很悲哀地认为，有执照的江湖骗子和投机者与无执照的一样多。资格认证并不等同于能力。罗杰斯担忧的一点是，急于形成专业化会导致形成严重的官僚作风。官僚化的规定代替了正确的判断。比如说，一个人不合格是因为他只进行过一百五十个小时的受督导治疗，而另一个人合格是因为他达到了要求的二百个小时。关注的焦点不是治疗师的有效性，或治疗师的工作质量，甚至治疗师所接受督导的质量。人们必须要面对的现实是，在处理人类问题上，一本执照并不能保证真正有资格。

罗杰斯相信，心理学作为一门科学和一个职业，只有对这些问题都给出一个清晰肯定的回答，对这些挑战都作出积极的反应，心理学才能够向前发展和造福于整个社会。

三、应用于广阔社会领域的努力

尽管罗杰斯的职业工作基础开始于个体心理治疗时期，他关注的焦点在多年以后逐渐扩大到了心理学之外的许多领域。以人为中心的方法在教育、医学、商业、社会工作、政府及其他许多行业都产生了重大影响。当罗杰斯尝试在两个政治、宗教方面有差异，甚至存在国际冲突的对立群体之间寻求如何使它们在一起交流，并促进其交流的时候，他最终意识到了将以人为中心的哲学及方法应用到一个更加宽广的社会领域中的潜力。

罗杰斯对把以人为中心的方法应用到一个更大的领域充满信心、充满激情，以至于在他人生的最后十年踏遍了世界各地，在许多地方举办了会心团体，如日本、墨西哥、巴西、匈牙利、波兰、法国、瑞士、英国、苏联、爱尔兰、美国、南非等国家。罗杰斯和同事举办的许多工作坊和培训项目都是跨文化会议，促使世界各地的人们联系在了一起。它们是由罗杰斯的合作者查尔斯·M.德文希尔发起的，其他的则是由本地团体邀请罗杰斯前往并就当地和地区所关心的问题与个人一起工作。例如，在南非罗杰斯受到邀请，与一个包括黑人、白人、有色人种的团体合作来处理由种族隔离体系导致的压迫事件和问题。

多年来，罗杰斯一直都认为帮助个体更完全地体验和表达他们的情绪和认知不仅会带来更满意的生活，还会带来对社会更加有建设性的行为。在20世纪七八十年代，罗杰斯不止一次地看到在冲突群体中整个人的表达和接受也会导致建设性的认知和积极的、降低紧张的行为。罗杰斯仍然热衷于将他的理论放到更加广阔的范围内加以检验——帮助冲突国家的领导人以更真诚更信任的方式交流，用行为科学来减少世界的主要矛盾。

朝着这个目标，罗杰斯和同事盖伊·利亚·斯文森成立了今天的罗杰斯和平机构——位于加利福尼亚拉霍尔的一个研究项目。罗杰斯曾阐述过该机构对于集合"拉斯特工作坊"（Rust Workshop）所起到的帮助作用。许多国家的高层领导人参加了该工作坊，它主要关注中美洲紧张关系的缓和问题。该工作坊是在过去所有努力的基础上自然发展起来的，并且达到了高潮，取得了试验性的效果。罗杰斯认为，拉斯特工作坊的团体工作历程不同于他以往参与的任何一个工作坊。罗杰斯站在一个关注团体进程、并且力图将心理治疗理论应用到冲突情境的心理学家的角度来描述拉斯特工作坊。

关于拉斯特工作坊的概述

1985 年 11 月 1 日至 4 日，罗杰斯和同伴在奥地利的拉斯特举办了一个国际性的工作坊。在罗杰斯看来，以下这些因素使这个工作坊独具特色。第一，工作坊的五十位与会者，尽管都是政府要人和各个思想领域的领袖人物，但他们都是以个人身份来参加会议，而不是作为某一个角色——不是作为前总统、大使、议员、作家或者教授，仅仅是作为人。第二，尽管他们来自十七个国家，但他们聚在一起都是为了关注一个领域的危机："中美洲的对抗"。第三，这不是一次传媒事件，而是在某个私人静居之处举行的一次工作坊。这是一个位于奥地利边境上的美丽小旅馆。盐湖就在旁边，湖的那边就是匈牙利和东部集团国家。第四，这次会议的促进者对处理分歧态度和敌对情感有着长期的经验。第五，虽然只有四天时间，但工作坊达到了这样一种境界：个体彼此倾听，互相真正地都听见了，理解了，并且开始建立了牢固的人际关系。而在此之前只有怀疑和不信任。

这次工作坊的结果，比起罗杰斯最初的期望，显得意义更加重大，影响更加深远，打开了更多的交流渠道，把更多有着分歧的人聚集在了一起。这是一个非常令人满意的积极经验。在工作坊中，人们能够了解到地位显赫者、政治领导人、政府官员、公共观念的重要塑造者在很多方面就如同我们经常接触的普通人一样，他们渴望更多的人际接触，更深入的交流，更亲密，更透彻和更密切的对话。只有当人们能够创造出一种包含下列要素的氛围：温暖、非正式、敏锐的理解、倾听的渴望、真诚的关心、想要成为自己的意愿，在必要时甚至是笨拙的和一种促进交流的技巧，这些事情才能发生。在拉斯特工作坊中，营造氛围的要素很微妙地集合在了一起，得到了非常振奋人心的效果。

拉斯特工作坊一共有五十名与会者，罗杰斯尝试着对这些人进行粗略的分类。有三位中美洲国家的前总统，哥斯达黎加的现任副总统，三个来自外交部，七个大使，四个次要的或者退休的政府官员；有八个人来自学术界，大部分是教授；还有八个人来自研究所、基金会和其他组织，他们中有人关心交流与合作；有五个人受到邀请是因为他们是和平活动家；有二名赞助本次奥地利聚会的银行官员。这些与会者来自十七个国家：哥斯达黎加、萨尔瓦多、尼加拉瓜、哥伦比亚、委内瑞拉、墨西哥、智利、奥地利、美国、西德、瑞典、印度、波兰、匈牙利、菲律宾、瑞士，还有两个居住在耶路撒冷的巴勒斯坦人。

至于工作人员，有九位来自人学研究中心的促进者，每二人负责事先组成了的四个团体中的一个，但同时也活跃在整个团体中，罗杰斯也兼任促进者；有三位来自拉丁美洲国家的翻译，拥有丰富的与会心团体共同工作的经验；六个管理人员不分日夜地认真工作以保证一切事情进展顺利，并且整理出了西班牙语和英语资料，为会议提供了无私的支持。

这次聚会是由哥斯达黎加的和平大学，以及加利福尼亚拉霍尔人学研究中心发起的。共同执导者是卡尔·罗杰斯（人学研究中心）和卡拉索（和平大学）——哥斯达黎加前总统及和平大学创始人。

拉斯特工作坊的目标

（1）使那些参与国际关系，特别是影响中美洲国际关系的有影响的高层人物聚集到一起，尤其是那些政策决定者和舆论制造者。

（2）有一位工作人员参与，他有足够的经验去营造一种心理安全和以人为中心的氛围，在这种心理安全氛围中，人们能够作为个人，而不是以官员的身份自由交谈。

（3）促进观点、态度和感受的自由表达，尤其是有关中美洲危机局势，从而增进双方的了解，降低紧张，培养良好的交流。

（4）发起一个过程，从中团体可以发展出更多信任关系，并且创造出使国家间更加可能和更加愿意进行和平互动的政策和主动性。

简而言之，重要的国际人物能以非正式的方式会面，在一个工作成员创造的安全环境中进行对话、争执、叫喊并互相拥抱，渐渐地彼此更加信任并为寻求和平的解决办法而共同努力。

拉斯特工作坊的开始

10月31日，周四晚，大多数的与会者都已经到达了，在晚餐前有一个简单的接风酒会。这只是一个非正式的接触，目的是让与会者彼此认识。许多人因为时差反应不想在当晚召开会议。接风酒会之后就是晚餐。晚餐时，人们分别坐在不同的非正式群体中。

周五早上10点，工作坊集中在一个非常舒适的房间里。罗杰斯介绍了自己的工作伙伴，然后提出了自己对工作坊的几点希望，希望大家一起努力做到：学会聆听他人；共同创造一种安全的氛围；尽力达到更大程度的相互理解；逐渐尊重他人并珍视彼此间的差异。除此之外，罗杰斯强调这是我们自己的会议，我们共同创造的会议。

同时，罗杰斯还提到了一个事实，尽管在这个房间里似乎只有与会的这些人，但事实上有着许多看不见的观众：与会者所在的国家及其人民；那些希望并真心祈祷工作坊获得成功的许多教堂团体和朋友们；孩子们，以及他们的后代，因为我们所做的是帮助塑造他们的世界。

完成这些介绍后，有一个半小时的休息时间，这使得与会者有机会彼此磨合和认识。然后，休息结束，工作坊以罗杰斯的一句"现在由我们做主"，正式拉开了序幕。

与会者作了几个简单的发言后，一位美国公民提出了一个尖锐的质疑。他向尼加拉瓜的一位成员问道："你们为什么限制人的自由？"接着具体地指出该国政府最近在许多方面强加的限制。一位尼加拉瓜与会者，同时也是一名政府官员说到，他为中美洲问题从尼加拉瓜开始而感到很抱歉，但他希望这位美国与会者应该回美国去看看更多的事实。然后他再次谈到美国在一些方面干涉了尼加拉瓜。就美国是如何只考虑自身利益而把中美洲国家当成"香蕉共和国"来对待，他给出了大量的背景资料。里根的政府管理机构正在试图推翻在尼加拉瓜已经合法成立的政府。委内瑞拉的一位与会者大声说道，他想要的是无争执的对话。另一位来自委内瑞拉的与会者接着罗杰斯关于孩子的话题，谈到了教育系统所涉及的暴力和战争。讨论就这样悄悄地从尼加拉瓜转移开了，罗杰斯觉察到该团体在这个时刻还不愿意面对这样的对峙。

接下来在周五上午剩下的时间里，许多与会者直接作了"演讲"，往往都跟之前所说的有关系，但几乎没有或者根本就没有直接的对话。有时候，演讲跟上一位发言者所说的密切相关，但随后所说的却是大相径庭。似乎有一些倾听而且讨论也和中美洲话题或者和平问题有关，但不是人和人之间的对话。

当大家的讨论快结束时，罗杰斯提及了关于小团体的问题。罗杰斯以及同伴以一种尽可能代表整个工作坊的分配方法，把大家分配到小团体中去。考虑到了男女比例，来自中美洲的人的比例等因素。同时，罗杰斯也提到最初分配的小团体并非是固定不变的，如果团体成员不喜欢也可以对它做一些改变。但今天大家需要按照已经分配好的小团体来会面。

在罗杰斯看来，与在周五早晨的会议上一样，周五晚上这些小团体表现得也相当理智。在周五晚上，罗杰斯在一个稍微正式一些的会面中见到了团体成员。罗杰斯试着告诉他们自己最初只是一个"诊断——开处方"的年轻临床实习医生，而现在自己正在逐渐去相信个体内部有自我理解和自我指导的巨大潜力。罗杰斯努力陈述了当事人为中心/以人为中心的基本原则以及这些原则在教育、管理、跨文化关系上的应用。罗杰斯强调了自己对个体、团体以及这一团体的信任。罗杰斯认为这是一个机会，让他能够检视在其他情境中起作用的原则是否在国际关系、建立信任和改善交流上有用。罗杰斯对团体以及团体智慧充满信心，这意味着虽然罗杰斯并不清楚会有怎样的结果，或者目标是否会达到，但罗杰斯确信这将是建设性的。同时，罗杰斯再次着重强调了这将是大家自己的会议，也是属于大家的共同的过程。

周六上午，谈话和"演讲"还在继续，人们之间的对话依旧非常少。同时，罗杰斯察觉到一些人变得非常没有耐心。下午，小团体开始表现了更多对话的迹象。晚上，卡拉索谈到了和平大学的许多方面。逐渐地，大厅中的气氛开始有所变化，中美洲/拉丁美洲团体聚集在了一起并一直交谈到深夜。有叫喊、有争执。但在罗杰斯看来，交流非常有建设性。同样也是在大厅，工作坊的其他成员也在另外一个团体中聚会，此时这似乎是一种自然而且恰当的分裂。

拉斯特工作坊中期

罗杰斯敏锐地察觉到，周日早上的气氛非常紧张，人们的心情也大不相同。大团体中的气氛完全改变了。大家意识到了气氛中存在的仇恨，当然也有愉快的感受。时不时地，许多人表现出了对美国的仇恨；在某一情况下，一个人惊奇地发现他内心的仇恨是如此深刻和强烈。两个人谈到了拉丁美洲和美国文化的分裂。来自尼加拉瓜的与会者与其他一些人还作了慷慨激昂的演说，但这与刚开始的演讲完全不同。人与人正在进行交流。一位美国公民谈到她感到多么无能为力，而这种无能为力感是被其他国家的那些人唤起的。这里还有着争执，人们的观点大不相同。一些拉丁美洲的人批评美国，因为美国的政策总是以自身利益为基础的，仅仅从其政治和经济利益来考虑，而不是以民主或自主国家的利益为出发点。还有一些人清楚地表达了他们想要在拉丁美洲自主的强烈愿望。作为性别主义争论的焦点，人们多次激动地提出了会议的男性主导问题。这表明了会议上有许多的维度：其一，与政治问题的讨论相比，会议还表达出了个人的顾虑，个人和政治层面是否会有结合点？还有男性和女性的问题，会议中男女平等共存是否可能？其二，有着心理学和治疗背景的人与那些来自不同领域的人们之间也存在问题。一位与会者提到这样一点，团体治疗在此时完全不必要，它会引起团体治疗成员的强烈反应。

信任和基本的好感在慢慢形成。一位与会者很好地表达了这一点，他认为争执说明有些人被误导了，但在团体中没有人心怀恶意。换而言之，对真实的知觉非常、非常不同，但没有人怀着恶意。

然而，值得注意的是人们正在彼此聆听；他们正在对彼此有所反应；真正的对话正在进行；显然小组的进程正在深入。罗杰斯观察到了这些渐变，他知道无论工作坊会有什么样的结果，它都将是建设性的。罗杰斯及其同伴帮助其发起的过程在进行。

拉斯特工作坊后期

在工作坊进行过程中，有一个临时安排构成了一次促进事件。酿酒节是奥地利的一个古老风俗，它是葡萄丰收时的一种庆祝活动。人们聚集在一起喝很多刚刚酿好的红酒，并准备丰富的食物。爱德华·施米格和酒店工作人员计划让工作坊参与星期天晚上的庆祝活动。所有的与会者走了一小段路，到达附近的一个旅店，那里有一个很大的房间能够容纳下工作坊的所有成员。当人们一起坐下来说话、喝酒时，有了许多有意义的谈话，并进一步深化和扩展了许多人之间的关系。当晚会持续到深夜直至凌晨时，毋庸置疑，与会者已经建立了极为亲密的关系，那些在别处不可能出现的亲密关系。毫无疑问，许多不信任都在酒精中消融了。尽管是暂时的，但似乎很有价值。

罗杰斯认为，总而言之，酿酒节的促进作用似乎是积极的。新的友谊建立了，有了重要而深入的交流，分歧公开了，不信任也逐渐消失了。毫无疑问，消极感情也流露出来了，当然不是所有的这些都得到了解决，但总体看来，这是一个重要的、具有普遍建设性的事件。

　　周一早上的会议从一个不太好的消息开始，大家被告知，原本安排在当天下午 6 点在维也纳银行召开的会议提前到下午 4 点开始。这意味着要缩减大家的团体活动时间，必然会影响到下午的第四次小团体会面计划甚至更大的团体会面计划。罗杰斯公开地与大家讨论这个临时变化并取得了大家认可的变通之法。然后讨论开始了，与会者基于自己的立场开始表达观点，讨论有些像争执，一位来自智利的男士冒险地转变了话题。他使团体想起了在酿酒节无论持有何种政治立场，心扉都是敞开的。他认为我们之间的爱和归属感也是会议的一部分，但这些更温柔的情感大部分都表现在会议之外。他为这种信任没有带到会议中而感到难过。接下来卡拉索充满激情地强调，请大家放下所有以往的立场和姿态，让大家一起谦虚地成为探索者，共同来探讨问题的现状和寻求解决方案。一位尼加拉瓜的与会者提到，在这个工作坊中，他感受到了大国聆听小国的可能性，也感受到在这里不信任已经被战胜了。接下来，很多与会者都发表了自己关于工作坊的感触，概而言之，就是大家在这种安全、平等、接纳的氛围下，开始尝试实现人与人之间的对话，真实面对彼此的分歧，共同去寻求解决冲突的办法；对他人，有了更深刻的理解和接受。工作坊结束后，外界媒体对此的评价是，拉斯特工作坊被称为是"一次不寻常的政治和心理实验"，并进一步强调以人为中心的方法可能是"长期和平的催化剂，还应该应用于世界其他政治热点地区"。

拉斯特工作坊有效的原因

　　在罗杰斯看来，拉斯特工作坊似乎比他们曾经大胆期望的更有成效。这样明显的成果背后有什么原因呢？罗杰斯认为，有些在于与会者；另一些则可能要归因于环境或者好运气。罗杰斯对这些促成成功的因素作出了简要的总结。

（1）工作坊背后的整体想法是合理而且正确的。一开始，其目标就是想通过邀请那些国际事务的政策制定和观念形成上有影响的领导人，在一个以人为中心的方法起到促进作用的工作坊中进行会面，从而降低国际紧张。

（2）为工作坊选了一个好的主题："中美洲挑战"指的是一种危急的国际局势，然而它是人们愿意谈论的一个话题，而不是像东西方对峙那么僵化的话题。这个主题促使与会者在互动过程中没有卷入任何针对小事的诡辩或者是纠缠于不必要的细节，这个主题促使大家团结在一起。

（3）拥有卡拉索总统这样的共同发起人，他在世界范围内的影响使他能够将一群声名显赫的人从中美洲、拉丁美洲和欧洲聚集在一起。这是一个高层次的团体，它能够影响国际政策，影响国家和世界观点的形成，这使工作坊意义重大。

（4）工作坊的方法不是一种实证的方法。它已经一次次地在分歧极大的团体，在敌对、对立关系的团体中进行过尝试。所以工作人员一般能预料到会发生什么，并且在面对工作坊最初的任何不理智和混乱事件时不会惊慌失措。

（5）有一群非常优秀的促进者。由于他们曾经一起工作过，由于他们曾经处理过尖锐的分歧、对立和痛苦，所以他们不会被轻易吓倒。他们对团体、对团体过程都非常信任。

（6）举办工作坊的地点非常理想，这是一个真正隐秘的、没有任何干扰的小村庄，住所安静舒适，赞助经费充足。

（7）主办人选择的结构数量非常合适。早晨举行大团体会面，下午则是事先分好的小团体进行会面，这种安排使人有一种安全感。有一个主题会使会议更加有组织地进行，这个共同焦点使团体成了一个整体，否则不会达到这个效果。

（8）没有预先设置的议程一定使一些与会者感到震惊。毫无疑问，他们会认为这是一个奇怪的进程。然而罗杰斯及其同伴过去的经验清楚地表明了团体会逐渐找到它自己的个人或集体议程。拉斯特的经验也证实了这一点。

（9）以上所有的因素构成了一个事实，那就是与会的所有人，包括促进者、管理者、旅店工作人员、与会者，成功地营造出了一种氛围，在这种氛围中人们能够自由地表达积极和消极情感。建立这种氛围是一个极其微妙的过程。毫无疑问，促进者在其中起到了很大的作用，然而许多与会者与他们一起共同创造出了这种氛围。

（10）在与会期间，大家很幸运地赶上了奥地利的酿酒节。毫无疑问，这个古老的节日帮助我们建立了更紧密的关系。庆祝活动恰好是在工作坊最有活力的时候进行的。这是一个幸运的偶发因素。

结束了拉斯特工作坊后，罗杰斯对以人为中心的思想在社会领域的应用更加增添了信心。在 20 世纪 80 年代后期，苏联的开放新政策以及随之而来的苏美关系的改善一直是国际新闻关注的焦点。罗杰斯曾经在 80 年代两次访问苏联，虽然罗杰斯的访问和与苏联高层官员的会谈都只是当时众多民间和平意愿之一。但苏美关系的改善，无论是来自政府协商，文化/专业交流，还是平民外交，都是由一种不断增长的双向交流的愿望所引起的。毕竟，这是罗杰斯毕生心血的精华——不仅是一种进行更好交流的理想化的理论信念，而且还不断寻找使得该理论在个人心中、人际间、群体间，最终到国际之间的得以实现的现实有效的实施方法。

罗杰斯在 85 岁逝世前不久还曾获得了诺贝尔和平奖的提名，在他的生活和工作中，他对我们能够运用行为科学的理论和技术来处理当代一些主要的社会问题，特别是"以人为中心的方法"——这种观点的形成有着重大的影响。

附　录

年　谱

1902 年　1 月 8 日，卡尔·罗杰斯出生于美国芝加哥郊区橡树园。

1912 年　举家迁居芝加哥以西三十英里外的一个大农庄，初次接触自然科学和实验设计。

1919 年　考入威斯康星大学，主修农业，后转修宗教。

1922 年　罗杰斯作为"世界基督教学生同盟"被选派到北京学习六个月，开始质疑自己来自父母教育的宗教信仰，在思想上实现了真正的独立和自主思考。

1924 年　获得威斯康星大学文学学士学位。8 月 28 日，与海伦结婚，并定居纽约。就读于纽约联邦神学院。

1926 年　转学至哥伦比亚师范学院攻读临床和教育心理学。大儿子大卫·罗杰斯出生。

1928 年　获得哥伦比亚师范学院文科硕士学位。二女儿娜塔莉·罗杰斯出生。任职纽约西北的罗切斯特，"防止虐待儿童协会"的"儿童研究部"，任职十二年期间，从艰苦的实践工作中初步形成了当事人中心理念。

1931 年　获得哲学博士学位。

1939 年　12 月，因罗切斯特任职期间所著《问题儿童的临床治疗》一书，得到俄亥俄州立大学提供的正教授一职，举家迁往新居。

1940 年　12 月 11 日，在明尼苏达大学公开宣讲论文《心理治疗中的若干新观点》，本文旨在批评传统心理治疗的做法，尤其集中批判治疗中直接给予指导、劝告的做法，并尝试阐述自己的新理念。

1942 年　任职俄亥俄州立大学期间，撰写并出版《咨询和心理治疗》一书，引起轰动。

1945 年　开始任职芝加哥大学，并同时兼任心理咨询研究中心主任。

1951 年　在芝大任职期间，撰写并出版《当事人中心治疗》一书，这本书是对前一本著作的观点的深入和扩展，涉及的领域非常广泛，获得很大成功。

1954 年　在芝大任职期间，与戴蒙德合作编辑出版《心理治疗和人格改变》一书，这是一本研究报告的集子。

1956 年　罗杰斯荣获美国心理学会（APA）授予的杰出科学贡献奖。

1957 年　任职芝大期间，发表论文《治疗性人格改变的必要和充分条件》，明确地把治疗关系放了首位，提出了治疗关系的一些要素，并且引起了很多后续研究。辞去芝加哥大学职务，转而就职母校威斯康星大学。

1961 年　任职威斯康星大学期间，发表著作《论成为一个人》，这是一本历时十年的论文集。罗杰斯将这本书的沟通对象定位在普通读者，书中内容并没有局限在心理治疗，而就人类生活的许多哲理的、实际的方面作出了深刻的思考和探讨。

1963 年　辞去威斯康星大学职务，应之前的学生法森邀请，前往美国西部创办行为科学研究所，这是一个非营利性质的机构，其研究和学术活动主要是以人本主义取向来研究人际关系。

1968 年　因为行政人事关系变化，辞去行为研究所职务，创办人学研究中心（Center for Studies of the Person，简称 CSP）。罗杰斯致力于用以人为中心的理念来管理研究所的研究和日常事务，并称之为"一次非同寻常、激动人心的实验"。

1969 年　出版《自由学习》一书。

1970 年　出版《卡尔·罗杰斯论会心团体》。

1979 年　3 月，妻子海伦去世。

1983 年　罗杰斯及同伴在北爱尔兰首都贝尔斯法特举办了一次团体活动，参加者有英国人，也有爱尔兰清教徒和天主教徒两方的狂热分子。通过以人为中心方法所倡导的交流，这些人中长久存在的仇恨明显地软化了。

1985 年　罗杰斯及其同伴在奥地利举办拉斯特工作坊，将中美洲各国的一批政要组织在一起举行团体活动。与会者来自中美洲七国、美国，以及其他九个国家，这次的沟通取得了比预想更好的沟通效果。

1986年　罗杰斯及其同伴在南非举办了一个白人、黑人各占一半的工作坊并取得成功。

1987年　1月31日，罗杰斯摔倒造成髋骨骨折，手术后心脏病发作，于2月4日去世，享年85岁。罗杰斯获得诺贝尔和平奖提名（他本人生前并没有获悉此事）。

主要著作

1. 1939年　《问题儿童的临床治疗》。
2. 1942年　《咨询和心理治疗》。
3. 1951年　《当事人中心治疗》。
4. 1957年　《患者中心治疗：它的实践、含义和理论》。
5. 1959年　《在患者中心框架中发展出来的治疗，人格和人际关系》。
6. 1961年　《论成为一个人》。
7. 1969年　《自由学习》。
8. 1970年　《卡尔·罗杰斯论会心团体》。
9. 1980年　《一种存在方式》。

参考书目

1. 江光荣：《人性的迷失与复归——罗杰斯的人本心理学》，湖北教育出版社，2000年。

2. ［美］卡尔·罗杰斯著，刘毅、钟华译：《罗杰斯著作集萃》，中国人民大学出版社，2006年。

3. ［美］卡尔·罗杰斯著，杨广学、尤娜、潘福勤译：《个人形成论——我的心理治疗观》，中国人民大学出版社，2004年。

4. ［美］卡尔·罗杰斯著，史可鉴译：《卡尔·罗杰斯：对话录》，中国人民大学出版社，2008年。

5. ［美］马斯洛等著，林方主编：《人的潜能与价值》，华夏出版社，

1987 年。

6. ［美］Robert D. Nye 著，石林、袁坤译：《三种心理学——弗洛伊德、斯金纳和罗杰斯的心理学理论》，中国轻工业出版社，2000 年。

7. 车文博：《西方心理学史》，浙江教育出版社，1998 年。